小学校・幼稚園

新版

教育実習の手引き

安田女子大学教育学部児童教育学科 編著

溪水社

まえがき

　これからの世の中を生きていく子どもたちが身に付けておかなければならない資質・能力として、学習指導要領（平成29年3月31日告示）では、「知識・技能」「思考力・判断力・表現力等」「学びに向かう力、人間性等」の三つがあげられている。グローバル化や人工知能（AI）の進歩、急速な技術革新など、変化が激しく予測が困難なこれからの時代を生きていく子どもたちのために、学校教育に何が課され、期待されているか。

　「生きる力」の要素となる確かな学力、健やかな体、豊かな心を養うために、知識・技能を身に付けるだけにとどまらず、身に付けたことを活用し、思考力・判断力・表現力等を高めながら、知識・技能を量的・質的に広げ深めていくことが課題である。そこでは子どもたち一人ひとりが自己課題を持って、思考力・判断力・表現力を活かして課題の解決を図り、同時にそれらを高めていくことを目指している。また、そのような学びを進めるために主体的・意欲的に学ぼうとする意思や、他と関わり合いながら対話的・協働的に学ぶ姿勢、豊かなコミュニケーション能力など、学びに向かう力、人間性等が問われることになる。それら三つの資質・能力を具体化して学びを進めるために学校教育の目標や内容が規定され、学び方として「主体的・対話的で深い学び」が求められている。

　教師を目指すみなさん自身が、主体的・対話的で深い学びを通して三つの資質・能力を高め続けることが重要であることは言うまでもない。大学での学びを更に広げたり、確かめたりしながら、新たな課題を見出す機会として教育実習がある。教育実習で何を理解し、何が出来るようになるか、そしてそれをどのように活かし、教員としての資質・能力を高めていくことができるか。教育実習を有意義な学びにするために、本テキストを活用して学びを深めていただきたい。

　この教育実習の手引きは、小学校学習指導要領の改訂を踏まえて、これまでの内容を全面的に改訂したものです。発行にあたり、企画・編集、原稿執筆、印刷・製本等に当たりご尽力をいただいた方々に深く感謝申し上げます。

平成31（2019）年3月31日

児童教育学科長　徳　永　隆　治

目　次

まえがき ……………………………………………………………………………… i

第Ⅰ部　小学校実習

第1章　教育実習に臨む ……………………………………………………… 5
　　第1節　教育実習の意義と目的　5
　　第2節　実習に臨む心構え　6

第2章　児童期の発達的特質 ………………………………………………… 8
　　第1節　幼児期から児童期へ　8
　　第2節　児童期の発達段階とそれぞれの特質　8

第3章　特別支援教育について ……………………………………………… 10
　　第1節　特別支援教育における発達障害児への関わり　10
　　第2節　発達障害児への教育的支援　13
　　第3節　教育的支援における留意点　13
　　第4節　親支援　14

第4章　実習中の心得 ………………………………………………………… 16
　　第1節　小学校の1日　16
　　第2節　学級経営案　19
　　第3節　守秘義務　20
　　第4節　子供との関わり　21
　　第5節　教職員との関わり　22
　　第6節　保護者との関わり　23

第5章　授業をつくる　25

　　第1節　〈授業〉とは何か？　25
　　第2節　「教える＝説明する」「評価＝成績判定」ではない　25
　　第3節　〈学習指導案〉とは何か？　25
　　第4節　各教科の授業　28

国語　28	音楽　49	道徳　70
算数　32	図画工作　53	総合的な学習の時間　74
社会科　37	家庭科　57	特別活動　76
理科　41	体育科　61	児童の考え　やりとりの見える板書　79
生活科　45	外国語活動・外国語　65	

第6章　実習の記録　81

　　第1節　なぜ書くのか？　誰のために書くのか？　81
　　第2節　何を書くのか？　81
　　第3節　実習記録の例　82

第7章　実習後の学び　83

　　第1節　実習の振り返りと学びの整理　83
　　第2節　実習後の挨拶とお礼状　84

教職に就き学び続ける　85
　　（読んでおくべき図書・読むと必ず得する図書・読むと元気が出る図書）

第Ⅱ部　幼稚園実習

第1章　幼稚園教育の実際 ………………………………………………………… 91

　　第1節　幼稚園教育の目的と教育課程　91
　　第2節　幼児期の発達的特質　93
　　第3節　新しく求められる幼稚園教諭の資質と能力　94

第2章　幼稚園教育実習の目的と方法 ………………………………………… 95

　　第1節　幼稚園教育実習の意義と目的　95
　　第2節　幼稚園教諭に求められる専門性と適性　97
　　第3節　幼稚園教育実習の事前指導　98
　　第4節　幼稚園教育実習の事後指導　101

第3章　幼稚園教育実習の内容と展開 ………………………………………… 102

　　第1節　幼稚園教育実習の形態　102
　　第2節　幼稚園教育実習の記録の書き方　103
　　第3節　幼稚園教育実習指導案の作成　105
　　第4節　幼稚園教育実習中の健康管理　108

あとがき ……………………………………………………………………………… 109

小学校・幼稚園
教育実習の手引き
新版

第Ⅰ部　小学校実習

第1章　教育実習に臨む

第1節　教育実習の意義と目的

1．人間にとっての教育とは

　地球上には社会性をもつ生物が多数いるが、その中でも人間のもつ社会性には極めて独特な点がある。人間には遺伝的に決定された社会的振る舞いのみならず、家庭教育、実社会での教育に加え、学校という人為的な場において、世代を超えて社会的、文化的遺産を伝承していく営みが存在する。就学前教育から高等教育まで含めれば、人間が学校という教育空間で学ぶのは人生の4分の1程度となる。また生涯教育という観点から考えれば、学校教育は我々の生涯のかなりの部分を構成する極めて大きな存在といえよう。そしてこの学校教育の成否を決定する要因として、教育活動に携わる者、とりわけ教師の存在は極めて大きな意味をもつ。

　学校という教育機関で指導にあたる者には、次世代にとってロールモデルとなりうる極めて高い専門性と人間性が要求される。教員養成課程を有する教育機関では、所定の教育課程を修めることで教員免許を取得できるが、その中でも特に重要なのが教育実践の場に身をおいて教職を学ぶ「教育実習」であるといえよう。大学では講義や書物から多くのことを学ぶが、これらの知識は実習という経験を通じてより高次な能力へと昇華する。教育実習において、実習生は児童との関わり、指導教員との関わり、学校組織との関わり等を通じ、大学で学ぶ理論と教育現場における実践、これら二者の連携について理解を深めることができる。

2．教育実習の重要性

　教員免許を取得するためには教育実習への参加は教育職員免許法上必須となっている。これはなぜだろうか。この理由として教育という営みは常に生身の人間である児童、学校組織の同僚、地域住民やその他多くの関係者によって成り立っているということが挙げられよう。単なる机上の知識ではなく実践知に裏付けされた学びを得る機会として教育実習は存在する。教育実習は実習生にとっては、教師としての専門性、指導技術、教育の本質・使命感

を学ぶ場である。しかし児童にとっては指導者が実習生であるなしにかかわらず、学校における学びはかけがえのない一期一会の場であり、学校で学んだことが自分の一生を左右することもありうる。教育実習は実習生にとっては免許取得のための一実地研修と見えるかもしれないが、実習に参加している段階ですでに学校教育という社会的営みの構成員になっているという重責を認識すべきである。したがって、実習生だからという甘えは許されず、全力で児童と向き合い、現実から多くのことを学ぶとともに、児童の幸せを心から願える人格を涵養する必要がある。

第2節　実習に臨む心構え

1．実習の準備

実習に参加するまでには大学で所定の科目を履修し、単位を取得しなければならない。またこれに加え介護等体験の活動を通じて、人と交わり理解することの大切さ、大変さを経験する必要がある。近視眼的にみればこれらの営みは「教員免許取得のため」と考えられるかもしれないが、実際はそうではない。大学の授業では、授業担当者は念入りに授業準備を行い、次世代の教員を育てるべく全力を尽くしているし、介護等体験においては協議会の方々、そして施設・学校の方々の尽力がなければ成立しえな

い。教員に求められているのは、社会が多くの方々の厚意から成り立っていることの理解であり、またこの事実に対する畏怖と感謝の気持ちをもち続けることである。

したがって、教育実習の準備も当事者である学生は念入りに行う必要がある。実習における自らの課題を意識し、準備にとりかからねばならない。これまで大学で学んできたことがどう自らの実践と関わるのか、実習先で使う教材の吟味、園や学校の環境や児童の実態の把握、指導案作成の下準備、園や学校の業務の理解等、実習前にすべきことは山ほどある。教育実習は決して実習期間中のみの活動ではない。その前後も実習に不可欠なものと捉えなければならない。

2．事前訪問と実習校・実習園の理解

実習に参加する前には、実習校・実習園との連絡、また事前訪問は欠かせない。電話で訪問の予約を入れる場合は、相手のことを最優先に考える必要がある。電話をかける場合は相

手の業務時間内とし、朝の慌ただしい時は避けなければならない。また自らを名乗る際には、1）大学名、2）学部学科名、3）名前、4）実習期間、5）用件、といった情報を伝え、対応くださった方には感謝の気持ちを伝えることが大切である。電話は声だけのコミュニケーションということもあり、より丁寧な姿勢が求められる。そして話を聞く際には必ずメモをとり、復唱するのが望ましい。口頭でのやりとりはしばしば行き違いが生じる可能性があり、それが後になって問題となりうる。社会人として確実な連絡・報告を行うためにはメモをとる習慣を身に付けておくことが大切である。

　実習校・実習園の訪問に際しては、必ず制服を着用する。またその際には大学で指定された着用方法を守らなければならない。第一印象に関していえば、人はかなりの部分をその外見で判断される。教育者としての信頼を得るためには、清潔感のある身なりでいることは最低限の条件であるといえよう。また事前の打ち合わせでは担当者の顔をしっかり見て話を聞くことが求められる。分からないことがあれば、礼儀を守りつつ確認するのが望ましい。「分かったつもり」で確認をせずに行動することで、後に大きな問題が生じる可能性もある。組織人として経験不足の状態で実習に参加するわけであるから、自らの業務については相談しながら準備を進めることが大切である。

　また、可能であればホームページ等でその学校・園の教育方針について確認しておきたい。受け入れる学校・園からすれば、実習生と話をすれば、その学生の熱意がどの程度のものであるか一目瞭然で判別できる。そのためには自分がお世話になる学校・園について少しでも多く学んでおく必要がある。

第2章 児童期の発達的特質

第1節 幼児期から児童期へ

　幼児期の発達[1]を踏まえて小学校へ入学した子どもは、学級や学校というより大きな集団や新たな生活事象と向き合いながら、次の発達の段階へと進んでいく。遊びを中心とした活動をしてきた幼児期の生活から、学ぶべき事項を教師の指導の基に習得していく学びへと移行する時期には、小学校生活への接続が無理なく実現するよう、幼児教育に携わる者と小学校教育に携わる者との連携が不可欠である。スムーズな接続を支えるために、幼児期の特質も考慮に入れ、一人一人の子どもの理解を丁寧に行うことが求められる。

第2節 児童期の発達段階とそれぞれの特質

　ここでは、小学校低学年、中学年、高学年の発達段階ごとに特質を概説する。

1．小学校低学年

　小学校入学当初は、幼児期の自己中心性がかなり残っており、子ども相互の関係は、個々の子どもの単なる集合の要素がまだ強い。友達の大切さを実感することができる活動を設定したり、徐々に学校での生活に慣れるようにしたりして、学校生活を楽しく送ることができるようにしなければならない。また、学級集団への所属感や一体感を持つことができる活動を多く取り入れるとともに、大きな学校集団における幅広い人間関係の中で活動できるようにし、集団で活動することの楽しさを実感させていくことも必要である。

2．小学校中学年

　中学年になると、集団の中の仲間としての結束が次第に増大し、協力して楽しい学級生活

1）幼児期の発達的特質については、本書「第Ⅱ部　幼稚園教育実習」の第1章第2節を参照されたい。

をつくろうとする小集団の活動が盛んになる。また、集団感情や集団意識が強く育ってくることに伴い、力関係が明確になり、集団同士の対立も見られる。その結果、学級全体のまとまりが育ちにくい時期でもある。男女間の対立が見られるようにもなってくるのもこの時期である。この時期の子どもは、同性同士で徒党（ギャング）を組み、連帯感のなかで社会性を学んでいく。仲間をつくり、仲間と交わり、遊ぶ体験は、互いの共通性と特異性に気付く重要な契機になる。この仲間との連帯性が自分自身の存在感の安定をもたらす時期である。一方で、仲間から認められたいという欲求ゆえに、仲間から自分自身がどのように見られているかという評価は子どもの自己評価に大きく影響する。このことに関して、仲間関係に関する有能感（自信）や自己価値が小学校3年生以降低下する傾向があることは以前から指摘されているところである。[2]

3．小学校高学年

　高学年では、中学年までの経験を生かし、自分たちで決めた集団の活動目標を大切にしながら、活動を振り返り改善しながら達成しようとする意識が強くなる。友達の長所、短所も客観的に捉えることもできるようになる。さらには児童会やクラブ活動の運営など、学校生活づくりに参画することにより、自分の役割や責任についての自覚が深まっていく。

　高学年は、思春期にさしかかる時期であり、価値観が理想主義的、独断的傾向になりやすく、相手に批判的になり、自己の価値観に固執しがちになる。また思春期特有の不安定な感情がより大きくなり、他者との比較を通して自分に自信がもてなくなる場合もある。些細なことで友達との関係が壊れたり、不信感をもったりと様々な悩みや不安を感じるようにもなる。人間関係に悩んだり、先頭に立って行動することに消極的になったりする子どもも少なくない。そのような不安定な心情をもっている時期であることを考慮しつつ、低学年との交流等の活動のなかで高学年としての役割や責任を果たしたり、リーダーシップを発揮したりする活動を経験させることも子どもが自身の特性に気付いたり、自信を得たりすることにつながっていくことが考えられる。また、現在および将来の自己の生き方を取り上げたり、中学校との連携の活動を設けたりすることによって、いわゆる中1ギャップにかかわる課題に配慮することが必要である。

2）桜井茂男（1983）「認知されたコンピテンス測定尺度（日本語版）の作成」 教育心理学研究, **31**, p.245-249.

第3章 特別支援教育について

第1節 特別支援教育における発達障害児への関わり

　この章では発達障害児の特徴や支援のあり方について考える。

　平成19年度から「特別支援教育」が「学校教育法」の中に位置づけられて実施されている。文部科学省によると、「特別支援教育は、障害のある幼児児童生徒の自立や社会参加に向けた主体的な取組を支援するという視点に立ち、幼児児童生徒一人一人の教育的ニーズを把握し、その持てる力を高め、生活や学習上の困難を改善又は克服するため、適切な指導及び必要な支援を行う」、また「これまでの特殊教育の対象の障害だけでなく、知的な遅れのない発達障害も含めて、特別な支援を必要とする幼児児童生徒が在籍する全ての学校において実施される」と述べている[1]。つまり、発達障害も含めて障害のある児童一人一人の教育的ニーズを正確に把握し、自立や社会参加に向けて教育することを目指しているといえる。

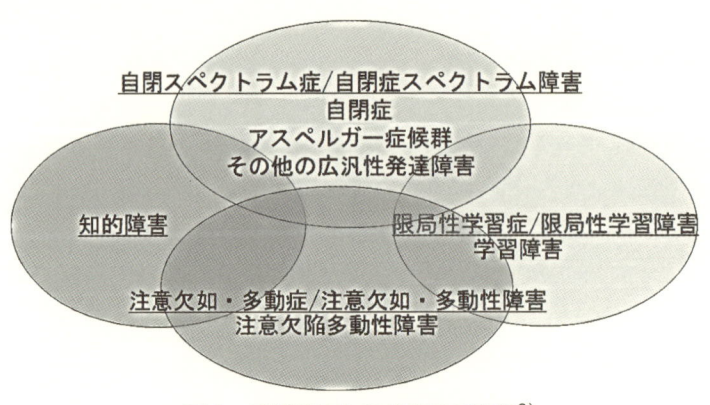

図1　発達障害と知的障害の関係[2]

---

1) 文部科学省（2007）「特別支援教育の推進について（通知）」．
2) 森則夫ほか編（2014）『臨床家のためのDSM−5虎の巻』（日本評論社，p.37-45）より一部変更。

平成28年6月に改正された「発達障害者支援法」第二条では発達障害について、「この法律において『発達障害』とは、自閉症、アスペルガー症候群その他の広汎性発達障害、学習障害、注意欠陥多動性障害その他これに類する脳機能の障害であってその症状が通常低年齢において発現するものとして政令で定めるものをいう」と定義している。文部科学省が2012（平成24）年に行った調査では、小・中学校の通常の学級において学習面又は行動面で著しい困難を示す児童生徒の割合が6.5％（推定値）であった[3]。

　発達障害の各診断分類について、最新の「精神疾患の診断・統計マニュアル」である第5版DSM－5（2013年改訂）と発達障害者支援法を比較すると、図1の上段がDSM－5に基づく表記であり、下段が発達障害者支援法による表記である。なお、DSM－Ⅳ－TRとDSM－5の診断名を比較すると「……障害」を「……症」にする考え方もあり、発達障害を個性として理解しようする傾向が窺われる。

1．自閉スペクトラム症／自閉症スペクトラム障害

　自閉スペクトラム症／自閉症スペクトラム障害（以下、「自閉スペクトラム症」という）は、文部科学省が2012（平成24）年に行った調査では、発生頻度が1.1％といわれている。DSM－5では、これまで広汎性発達障害といわれていた自閉症、アスペルガー症候群その他の広汎性発達障害をまとめて神経発達症の中に分類して「自閉症スペクトラム」と大きな集合体として分類している。スペクトラムとは自閉スペクトラム症の特性である社会性の障害、コミュニケーションの障害、想像力の障害、こだわり等を本態として濃い方から薄い方へと一つの連続体として捉える考え方である。つまり、発達障害のある児童とそうではない児童は区別をつけられるものではないといえる。

　なお、DSM－Ⅲ以来、自閉症及び広汎性発達障害は、Wingのいう以下の三つの特徴である①社会性の障害、②社会的コミュニケーションの障害、③想像力の障害とそれにもとづく行動の障害（こだわり行動）各領域の機能の遅れや異常の有無により判定されてきた。しかし、DSM－5の診断は自閉スペクトラム症に変更され、その診断基準は、上記の①から③を次の2つにまとめている。第1は「持続する相互的な社会的コミュニケーションと対人的相互反応の障害」であり、第2は「限定された反復的な行動、興味、または活動」である。これに加えて下位項目に「感覚刺激に対する敏感性あるいは鈍感性、または感覚に関する普通以上の関心」などの項目が追加されている[4]。

3）文部科学省（2012）「通常の学級に在籍する発達障害の可能性のある特別な教育的支援を必要とする児童生徒に関する調査結果について」．
4）注2と同書。

2．注意欠如・多動症／注意欠如・多動性障害

　注意欠如・多動症／注意欠如・多動性障害（以下「注意欠如・多動症」という）は、文部科学省が2012（平成24）年に行った調査において、発生頻度は3.1％といわれている。特徴としては、不注意、多動性および衝動性のうち、ひとつあるいは複数の特性が著しく、日常生活に支障をきたすものをいう。DSM-5ではこれまで行動障害に分類されていたものが神経発達症に分類され、①不注意、②多動性および衝動性の二つに分類された。また、症状発現年齢がこれまでの7歳から12歳以前に引き上げられ、17歳以上の場合では、下位項目を5項目満たせばよいとするなど診断基準が緩和された。

　診断基準については、不注意、多動性および衝動性の症状の下位項目のうち、それぞれ9項目が記載されており、そのうち6つ（またはそれ以上）が少なくとも6カ月持続したことがあり、その程度は発達の水準に不相応で、社会的および学業的／職業的活動に直接、悪影響を及ぼすほどである場合を不注意、または多動性および衝動性と診断している。特に多い症状は不注意であるといわれている。具体例としては、細かな注意ができずケアレスミスしやすい、話しかけられているのに聞いていないように見えるなどである。多動性および衝動性の具体例としては、着席中に手足をソワソワさせる、走りまわる、順番が待てないなどである。こうした行動特徴の背景には、周囲から入る様々な刺激を取捨選択することが困難であるためだといわれている。

3．限局性学習症／限局性学習障害

　限局性学習症／限局性学習障害（以下「限局性学習症」という）は、文部科学省が2012（平成24）年に行った調査において、発生頻度は4.5％といわれている。

　知的発達に遅れはないが、読み、書き、計算が苦手など特異的な学習能力の障害であり、教科学習が本格化する就学以降の学習場面で明らかになってくるといわれている。

　得意なこと不得手なことが非常に極端であることから、生活するうえで不適応を起こしやすいものの、なかには優れた才能を発揮することもあり、医学的治療とともに、教育面からの支援のあり方がその子の将来の社会生活の基盤づくりにおいて重要である。

　具体例としては、聞き間違えたり、話が理解できなかったり、筋道を立てて話すことが苦手で上手に話せなかったりするコミュニケーション能力などに偏りが見られる。また、文字への興味が乏しい、鏡文字や逆さ文字を書く、間違えて読む、読めても書けない、読めても内容が理解できない、教科書を行とばしに読むなどである。また算数では繰り上がりや繰り下がりができない。その他では認知の偏りや不器用さがあるため線に沿って紙が折れない、切れないなどの特徴が見られる[5]。

第2節　発達障害児への教育的支援

　教育的支援としては、障害児は健常児と共に日常生活の中で教育を受けることを基本に据え、児童の発達レベルや得意な能力などに合わせて興味や関心を広げ、物の操作方法などを学ぶことで将来の社会生活の基盤づくりを目指す。

　個人と集団の視点からは、障害を個性として捉えて子どもを主体におき、障害のある児童とその他の児童がお互いを認め合えるように教育することが重要である。そのためには、教師は集団が落ち着いた雰囲気になるように環境調整などに努め、子ども同士が精神的に安定した状態のなかで交流できるようにするとともに、個人を大切にしながら集団も大切にする教育を心掛けることである。

　なお、児童のなかには発達障害の特徴から叱責されたり、失敗体験を重ねたり、いじめを受けたりすることで自信をなくして、チックなどの神経症症状、不登校、非行などの二次障害を引き起こすことがある。また、親などの理解の不足から虐待を受けたりすることもある。こうした二次障害を最小限に止めるためには、情緒面に配慮しながら成功体験をさせたり褒めたりして自信をもたせて自尊感情を育むとともに、感情のコントロールの方法を幼児期から体験的に学ばせることが重要である。また親支援も並行して行う必要がある。

　教育的支援を検討するに際しては、WISC-Ⅳ知能検査などから認知構造の特徴を把握するとともに、行動観察や成育歴を調査して多面的・力動的観点に立って総合的にアセスメントして支援内容を検討するように心掛ける。そのためには、医療機関、療育センター、児童相談所などの専門機関と連携を図るとともに、教師間で障害の特徴を正しく共通認識してチームで支援することも重要である。

第3節　教育的支援における留意点

　この節では教育的支援に際して、留意することをいくつか挙げてみる[6]。
（1）情緒の安定を図るため、児童生徒がイライラなど生活し難くなったときにサインを出し、落ち着ける場で一時的に過ごせるようにする。
（2）視線を合わせながらジェスチャーを交えて理解を促す。
（3）叱責を受けたり、あるいは失敗体験をしたりすることが多いため、児童の興味・関心

5）柿崎弘監修・編（2017）『特別支援教育　第4版』大学教育出版, p.72-75.
6）金子由紀子ほか編（2016）『新版　自閉症スペクトラム症の医療・療育・教育』金芳堂, p.115-123.

のある遊びや得意な課題から取り組み、成功体験や達成感を経験して自信や有能感を育てる。
（4）行事や日課の流れを図式化した視覚的教材を活用し、理解しやすく見通しが持てるようにして不安の軽減を図る。また、変化に対して強い不安からパニックを起こしやすい児童には、事前に予定の変更を伝える。
（5）指示する際は、「今、ここで何をするのか」を簡潔・具体的に指示する。
（6）禁止言葉である「……してはダメ」ではなく、「どうしたらよいと思う」などの肯定的又は建設的な言葉がけを心掛ける。
（7）「待つ」、「見守る」、「モデルを示す」、「スモールステップ」、「褒める」など、丁寧に、かつ工夫しながら支援する。
（8）集中力を保つため、教室の掲示物の簡素化や周囲からの刺激が少ない場所を席とする。
（9）児童一人一人の認知能力の特徴を考慮して、例えば行間を空けて文章を書く、文字を書く場所を線で示すなど指導方法を工夫する。

第4節　親支援

親との連携も重要であり、図2のように「保護者の障害受容のモデル」に留意しながら、それに沿った関わりをするとともに、担当教師が児童への観察眼を高め、子どもの僅かな発達に気づき、それを親に伝え、良好な親子関係が形成されるように支援することが重要である。

しかし、中田（1995）は「発達障害の場合、知的障害などと異なり、『受容の段階説』のような直線的なものとはいかないようであり、安易に「受容」することでより強いストレスを親に与える危険性もある。よって、障害受容を段階として捉えるのではなく、不安や悩みが繰り返されることが普通の反応であると理解することが親の心理理解に不可欠である」と述べている[7]。

7）中田洋二郎（1995）「親の障害の認識と受容に関する考察——需要の段階説と慢性的悲哀（親と子の発達臨床＜特集＞）」早稲田心理学年報（27），1995-03，p.83-92．

そうした親の障害受容の段階過程を知ったうえで、教師は平素から親との信頼関係を構築するように努めるとともに、両者は児童を支援する両輪となって子どもの最大限の発達を保障していくことが望まれる。

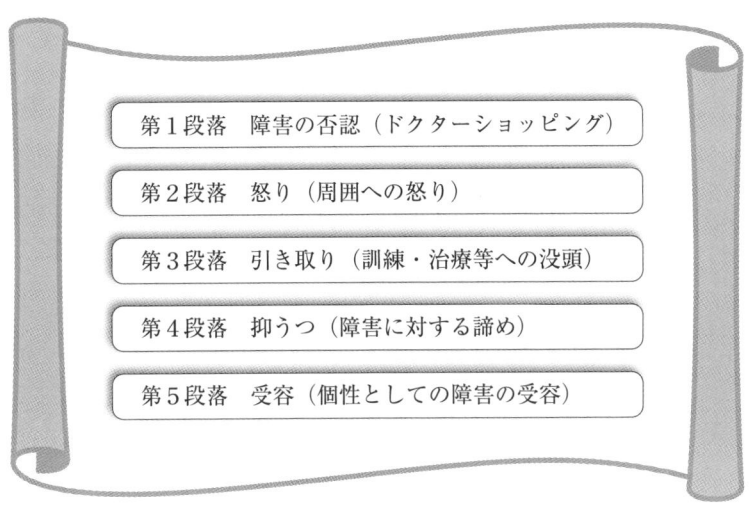

図２　保護者の障害受容モデル[8]

8）杉山登志郎（2010）『発達障害の豊かな世界』日本評論社，p.219.

第4章 実習中の心得

第1節 小学校の1日

○児童の一日

児童の登校

　多くの学校では、児童の安全確保のため、登校の時間帯を決めている。その中でも、8時前後からと設定している学校が多い。そのため地域の見守りボランティアの方々もその時間に合わせて登校の安全確保のために活動している。学校によっては、登校班というグループで登校する場合もある。

授業前

　最近は、朝の授業前の時間帯に多様な活動を設定している。以前からあるように一日の計画、目標の確認や歌を歌うなどの「朝の会」や言語活動の充実や心落ち着いた気持ちで授業に入る等の目的で「朝の読書」を取り入れるところも多い。また1年生から6年生までの全校児童が一堂に会する「全校朝会・全校集会」など、日替わり、週替わりで設定している。

1校時

　児童の授業準備物の少ない、国語や算数といった科目を設定する場合が多い。しかし、グランドや体育館、特別教室の確保、専科教員の授業等のため、大規模校では、理想通りにいかないのが現状である。

大休憩

　心身のリフレッシュのため、2校時と3校時の間に長めの休憩時間を設定している。この大休憩に「業間体育・全校集会」等、意図的・継続に設定している学校もある。

給食準備・給食

　給食準備・食事と一連の流れの中で実施される。給食準備に時間がかかると食事の時間が短縮されることになる。従って低学年の給食準備は、一定期間高学年の児童が補助に入る場合が多い。食事の形態は多様で、グループで食べる、教師と一緒に食べる、個別に前

A小学校の週時程及び日課表

	月	火	水	木	金
8：25 8：40	朝の読書	全校朝会	職員朝会 朝の会	朝の読書	職員朝会 朝の会
8：45 9：30	1　校　　時					
9：35 10：20	2　校　　時					
10：20 10：40	大　休　　憩					
10：45 11：30	3　校　　時					
11：35 12：20	4　校　　時					
12：20 13：00	給食準備・給食					
13：00 13：20	昼　休　憩			帰りの会	昼休憩
13：25 13：40	清　　掃			児童下校	清掃
13：45 14：00	帯　時　間			委員会／クラブ	帯時間
14：05 14：50	5　校　時				5校時
14：55 15：40	6　校　時			児童下校	6校時
15：45	帰りの会				帰りの会
16：10	児　童　下　校　完　了					

を向いて食べる等、目的によって色々な工夫が見られる。また、食事時間に、栄養教諭等による栄養指導や食事のマナーなどの指導も行われる。

清掃

　1年生から6年生までの縦割り集団での清掃、無言清掃など、清掃の形態も多様である。

この清掃時間は、朝の授業前や放課後に設定されることもある。

帯時間
　外国語活動・外国語の時間確保や基礎学力の向上のためのドリル学習の時間確保等の理由により、45分の授業時間を分割し、15分程度の授業を、週3・4日行うことにより、合計45分らか60分間の授業時間を確保している。

クラブ・委員会
　クラブ活動や委員会活動の時間数は、規定されていないので学校によって違いが見られる。クラブ活動や委員会活動を月1回設定している場合、1回の時間を60分間にするなど、回数にも1回の時間にも学校の工夫が見られる。

児童の下校
　下校の時間を、児童の安全確保のため事前に保護者・地域にも知らせ、集団で一斉に下校させることが多い。こうして不慮の事故が起きないようにしている。そのため、最近では、放課後の個別の指導が難しくなっている。

○教員の一日

教員の登校
　児童の登校より、30分前には登校して、教材・教具の準備をし、教室で登校してくる児童を笑顔で迎えるのが理想である。

給食準備・給食・清掃
　給食は給食指導、清掃は清掃指導というように給食も清掃も指導の時間である。従って、一緒に給食準備をする、一緒に清掃するなどして、自らが行動で手本を見せることも、効果的な指導方法である。

児童の下校
　時には、児童の下校指導に地域に出かけるのも大切なことである。児童の下校や通学路の様子を観察したり、地域の人々と会話をし、情報を得るのも児童の指導に大変役立つものである。

児童の下校後
　児童の下校後にも、教員には多くの仕事がある。その日その日によって内容は異なるが、列挙してみると次のようになる。

教室の整理整頓	授業や評価結果の整理
明日の教材研究・教材準備	報告書、通信等の作成
各種会議（学年会議・職員会議等）	保護者連絡・対応
各種研修会	

このように多種多様な仕事があり、計画的に職務を遂行しないと、時間はいくらあって

も足りないという状態になる。

第2節　学級経営案

　学校には、「どのような子供像を目指して、どのような教育方針で目標を達成するのか」という学校経営案がある。全ての学校の教育は、この学校経営案を基に実践される。これを受けて計画したものが学年経営案である。さらに、この学年経営案を基に、担当学級で、「どのようなクラスの子供像を目指して、どのようなクラスの教育方針で目標を達成するのか」という計画案が学級経営案となる。またそれぞれの教科ごとに、教科経営案というものもある。

```
学校経営案
学年経営案
　　↓
児童の実態→↓←保護者の願い
　　↓
学級経営案
```

学校経営案の理解・把握

　学級経営案は、当然であるが基になる学校経営案・学年経営案を受けたものである。学校経営案・学年経営案の教育方針を、学級の実態を踏まえ、学級の中でどのように具現化するのかという計画が学級経営案である。従って、学級経営案を立案するには、学校経営案・学年経営案を十分理解する必要がある。

実態把握

　児童の生活・学習両面からの把握が必要である。児童の発達段階、基本的生活習慣、学力、体力等、また保護者の状況、願いや要望を把握しておくのも大切な要素となる。この実態把握が十分でないと計画は、児童とはかけ離れたものになり、成果は望めない。

学級目標

　学校経営案、学年経営案、児童の実態、保護者の願いなどを基に、ど

B小学校の学級経営案の様式

平成〇年度　第〇学年〇組　学級経営案
立案者（　〇〇　〇〇　）
1　学校教育目標
2　学校経営計画短期重点目標
3　学年目標
4　学級目標
5　児童の実態
6　学級経営方針（学習指導・生徒指導） （学習指導） （生徒指導）
7　年間計画

のような子供像を目指すのか、学級目標を設定する。

学級経営方針

　学級目標を達成するには、どのような方法をとるのかが学級経営方針である。学習指導では、どのような方法をとるのか、生活指導では、どのような方法をとるのか、具体的に手立てを書く。

　学校によっては形式が統一されていない場合もある。その場合は、目標、児童の実態、保護者の願い、目標を実現するための具体的手立て（学力、体力、生活等の項目に分け具体的に）、評価指標など、学級の実態に合った項立てをする。

PDCAサイクル[1]で改善

　実態把握を充分行って実践しても、計画通り進むものではない。従って、一定期間経過したところで振り返り見直すことが必要である。見直した結果、必要であれば計画の変更も可能な経営案にしておくことも考慮に入れておく。

第3節　守秘義務

　地方公務員法第34条では、「職員は職務上知り得た秘密を漏らしてはならない。その職を退いた後も、また、同様とする。」と地方公務員すなわち教職員の「守秘義務」について定めている。教職を退いた後でも守秘義務は守らなくてはならない。このように児童等の個人情報とは、重いものである。

　学校現場は、個人情報の宝庫といわれる。学校現場にはどのような、個人情報があるであろうか。

　　　　家庭の記録…氏名・保護者名・住所・電話番号
　　　　指導の記録…指導要録・通知票・指導記録・テスト
　　　　日常の学校生活の状況・保護者からの家庭の情報

　例外としては、児童虐待の通告義務があるが、学校で知り得た児童・保護者についての情報は、すべて守秘義務の対象になる。したがって、学校で知り得たり、作成した児童・保護者の個人情報を、学校外に向けて口外することも、持ち出すこともできない。勿論相手が、

1）PLAN（計画）→DO（実践）→CHECK（評価）→ACTION（改善）をくり返すことにより、改善していくこと。

自分の家族においても同様である。

広島県個人情報保護条例では、次の3原則を定めている。

　　① 収集の制限　　② 利用・提供の制限　　③ 適正管理

従って、必要のない個人情報は集めないことである。そしてその個人情報を利用するときは、必要なことだけに留めること。そして個人情報は、しっかり管理することである。

また、教育職員の「個人情報の不適切な取扱いに係わる懲戒処分等の状況」（文部科学省）によれば、処分理由が圧倒的に多いのは、「個人情報が記録された書類の紛失」である。

個人情報の不適切な取扱いに係わる懲戒処分等の状況（教職員）（平成28年度）	
個人情報が記録された電子データの紛失	70人
個人情報が記載された書類の紛失	168人
インターネットを介した個人情報の流出	11人
その他個人情報の漏えい等	99人

個人情報の漏えいといえば、電子媒体を通しての情報のように思いがちであるが、多くは紙媒体であることを認識しておかなければならない。紙媒体（書類）の紛失を防ぐ一番の方法は、机上等の整理整頓に努めることである。

第4節　子供との関わり

授業時間がメイン

子供と教員は、子供が登校している間は、常に子供との関わりをもっている。もちろん一番多くの関わりは授業時間である。「教師は、授業で勝負する。」という言葉があるように、授業時間どのように子供達と関わるかが、子供の指導において、一番の重要なポイントであることは間違ない。

休憩時間を大切に

休憩時間では、子供達が授業時間とは違った姿を見せる。授業中消極的だった児童が、休憩時にはリーダーシップをとって、積極的に遊んでいるのもしばしば目にする。また休憩時には、心を開いて本音で語ってくることもある。

このように休憩時は、子供理解の時間でもある。時間を作ってでも、休憩時間子供達と触れ合うのも大切な教員の仕事である。

給食時間は交流の場

給食時に暗い顔をしている児童は少ない。だれもが笑顔で楽しそうに食事をしている。それは、食べることは子供達にとって楽しみなことであり、心が開かれているためである。こ

の時間に子供達のグループを回って、一緒に給食を食べ、子供達の話を聞き、教師の思いを伝える。これも授業中とは違った心の交流の場となる。

夢を語る

子供達には教師の夢を語ることである。夢のない教師が子供達に夢をもてとは言えない。また言ったとしても説得力はない。夢を語る教師のもとでは、夢をめざして努力する子供が育つ。教師のポジティブな言動で、子供達もポジティブになる。

肯定的評価が心を育てる

授業中の子供達の授業姿勢を正す場合、一番良くない子を叱る方法と一番よい子をほめる方法がある。どちらもその場の効果は見られる。しかし子供達の心情にとって、どちらがやる気になるであろうか、どちらが心に響くであろうか。心の中に長く残るのは、当然ほめられた場合である。逆に叱られれば、残るのは反発である。肯定的評価は心を育て、人を育てることになる。

第5節　教職員との関わり

めざす先輩を見つける

どのような教員になりたいのか、どのような教育を目指すのかという自分の将来像をもつことは、若手教員にとっては重要なことである。そのための第一歩となるのが、目標となる先輩を見付けることである。あのような先輩になりたい、あのような授業をしたいということが、姿としての具体的な自分の目標となる。教員は最初の3年間に、どのような先輩に出会うかによって、その後の教員としての方向が決まってくるといわれる。まずは、目標となる先輩を見付け、その先輩を真似ることから始めることである。

頼り頼られ関係の構築

教員同士の信頼関係を築くには、頼り頼られの関係が必要である。特に経験の浅い、これから伸びようとする若手教員にとって、頼ることは大切なことである。困難なこと、疑問に思うことに出合ったときには、遠慮無く先輩や他人に頼ることである。頼られるということは、信頼されているということで、先輩や他人にとってもうれしいものである。困難や疑問に出合ったら、自分一人で解決しようとせず、質問したり手伝ってもらうことである。その他人を頼ることが、逆に自分が信頼されることにつながることになる。

報・連・相

学校は組織である。組織が正常に機能するためには、各自が正しい情報を共有することである。そのためには、自分の学級の出来事・子供の情報は、少なくとも学年内では、報告・連絡・相談し共有することが必要となる。報告・連絡・相談がなかったため、突然表面に出

て、大事になることはよくあることである。
トラブルには共同で
　トラブル対応は、組織で対応することである。そのことで、学校の組織がひとつになって取り組んでいるということが感じられ、保護者にとっても教員にとっても安心感にもつながる。特に若手教員は、一人での対応では、対応が遅れがちになったり、不安で尻込みしがちになる。トラブルは、組織で対応することにより、素速く対応ができ、解決も早くなる。
何でも言える職員室
　教員同士の関わりにとって、職員室は重要な場である。職員室は、夢や希望を語ることができる場である。夢や希望を語ることができるということは、夢や希望を聞いてくれる暖かい人がいるということである。また、愚痴や悩みを語ることができる場である。愚痴や悩みを語ることができるということは、愚痴や悩みを聞いてくれる人がいるということである。何でも言える職員室は、居心地のよい職員室、みんなが集まる職員室である。

第6節　保護者との関わり

保護者は教員のパートナー
　保護者の願いと教師の願いは一緒である。どちらもよりよい方向に子供達が育つことを願っている。両者は、同じ方向を向いた子育てのパートナーである。従って、両者が連携すれば、子供達の教育に大きな力となるし、その逆だとその力は半減する。そのためには、お互いに何でも言える関係を構築し、お互いの信頼関係を育てていかなければならない。
お互いを知る
　保護者の信頼を得る一番は、よい授業をすることである。分かる授業、よい授業をすれば、自ずから信頼感は得ることができる。また、お互いの信頼感を得るためには、まずはお互いをよく知ることである。そのためには、学校の情報や学級の情報を公開・発信し、学校・学級や担任を知ってもらうことである。また、授業参観であったり、懇談会や家庭訪問など保護者と接する機会を捉えては、努めて保護者と会話を交わし、お互いを知るための努力をすることである。
受容・共感・支持の態度
　保護者からのクレームは、教員の対応に不満を感じているからこそ生じるものである。保護者からのクレームがきた場合は、まずは、学級や教員に原因があると考えて対応することが大切である。したがって、保護者を非難することなく、まずは話を黙って聞く。途中で反論したり、否定することなく、話を最後まで聞く。そして相手の気持ちによりそって対応することが大切である。

保護者連絡は良いことも
　諸連絡で保護者へ電話をすることが往々にある。その際の内容は、保護者にとって、耳の痛い内容が多いのではないかと思われる。友達とトラブルがあったとか、提出物が出ていないとか、物を壊した等。よく保護者から聞くのは、先生からの電話はうれしい話がないということである。子供達が良いことをしたこと、子供達が頑張ったことなど、子供達の嬉しい話こそ、保護者に連絡することが大切である。褒めることによってお互いの関係が悪くなることはない。

肯定的評価が人を育てる
　肯定的評価は、子供を育てるという。同じようなことが、保護者を肯定的に評価することは、保護者を育てることにつながる。保護者を育てるというのは、保護者との信頼関係を育てるということである。具体的には、保護者の子供への対応や他の保護者への対応で感心したところや良い行為だと感じたことは、遠慮無く保護者伝えるようにする。そうすれば、保護者との良好な関係が育ってくるはずである。

 第5章 授業をつくる

第1節 〈授業〉とは何か？

　例えば、計算の方法を「教える」とき、「説明」して練習すれば、手っ取り早く「教える」ことはできる。だが、子供たちが生きていく世界は、多様な文化や価値観をもつ人たちが複雑に関わり合って織りなさるので、ワンパターンで対応できるほど単純な世界ではない。互いの多様な考え方を認め合い、力を合わせて試行錯誤しながら前へ進む力が必要なのだ。そういう力を育むために、教師は、子供たちの眼前に「ちょっと困る状況」を出現させ、「自分なりの方法で・仲間とともに挑んでみたくなる状況」へと導く。それが〈授業〉である。

第2節　「教える＝説明する」「評価＝成績判定」ではない

　子供たちを「ちょっと困る状況」へ導くための主たる道具が、〈教材〉〈題材〉である。その形式は文章（物語文や説明文／算数の問題文など）だったり、絵や図や写真だったり、実物だったりする。それらをストレートに〈説明〉しても、子供の解決力・表現力は育たない。だから教師は、「これは…かな？」「どうして…なのだろう？」などと〈発問〉したり、「…を使ってみよう／作（創）ってみよう」などと呼び掛けたりする。加えて、「手順は…」「○○に注意しましょう」などと〈説明〉〈指示〉も行う。
　〈評価〉も教師の重要な仕事であるが、単に「成績判定」を意味しない。むしろ「子供の頑張りを刻々に値打ちづけ・励ます」ことや「教師の指導が適切であったかどうか」を〈評価〉することの方が本質であり、そのための指標が〈評価規準〉である。

第3節　〈学習指導案〉とは何か？

　このように、授業は〈教材〉〈題材〉の提示と、〈発問〉〈指示〉〈説明〉にもとづいて展開される〈学習活動〉〈評価〉によって構成される。こうした授業イメージの全体像を事前に構想した「設計図」のようなものを〈学習指導案〉という。

第3学年 国語科学習指導案

指導者 ○○ ○○

1 日　　時　　○○年○月○日（金）5校時（13：45～14：30）
2 学年・組　　第3学年○組（男子○○名　女子○○名　計○○名）
3 指導事項
　（1）読むこと
　　ウ　場面の移り変わりに注意しながら、登場人物の性格や気持ちの変化、情景などについて、叙述を基に想像して読むこと。
　（2）伝統的な言語文化と国語の特質に関する事項　イ
　　（オ）表現したり理解したりするために必要な語句を増やし、また、語句には性質や役割の上で類別があることを理解すること。
4 単元名　　　物語のしかけをさがそう　「ゆうすげ村の小さな旅館」
5 言語活動　　エ　紹介したい本を取り上げて説明する言語活動
6 単元の評価基準と児童の具体的な姿

国語への関心・意欲・態度	読む能力	言語についての知識・理解・技能
○物語を読むことに興味をもち、物語のしかけをさがしながら読もうとしている。	○それぞれの場面で起きた出来事を読み取り、場面と場面とを関連付けて読もうとしている。○物語のしかけを見つけるために、文章中の語や表現に着目して読もうとしている。	○必要な語句を増やし、登場人物の人物像やしかけを表現したり理解したりしようとしている。
○物語を読むことに興味をもち、物語のしかけをさがしながら読んでいる。	○それぞれの場面で起きた出来事を読み取り、場面と場面とを関連付けて読んでいる。○物語のしかけを見つけるために、文章中の語や表現に着目して読んでいる。	○必要な語句を増やし、登場人物の人物像やしかけを表現したり理解したりしている。

7 単元について
《児童の状況》
　読むこと：これまでに児童は、「お手紙」や「名前を見てちょうだい」などで、人物がしたことの順序やそのときの場面の様子に気をつけて読むことを学習してきている。しかし、場面の移り変わりに注意しながら読むことや、人物の気持ちや性格を想像しながら読むことには至っていない。5月の説明文「自然のかくし絵」では、中心となる語や文をとらえながら段落を短い文章でまとめることを学習している。本を読むことが好きな児童が多く、朝読書や図書の時間に好きな本を選んで集中して楽しんで読んでいる。しかし、中には漢字の習得が不十分であったり、文章をすらすら読めなかったりしている児童もいる。

《教材の価値》
「ゆうすげ村の小さな旅館」：本教材は、基本的に時間の経過に沿って物語が展開しており、時を表す言葉に着目することで、場面をとらえることができる。また、人物の行動や会話に気持ちが表れており人物の気持ちを想像することが容易である。さらに、この作品はファンタジー作品であり、さまざまなしかけがある。ファンタジーのおもしろさを知り、読書の幅を広げることのできる教材である。また、この物語のあちこちにちりばめられている「しかけ」を探すことは、自ずと物語全体を行ったり来たりしたり、何度も語や表現に着目して読むことへつながる。また、出来事のつながりを考えたり、人物の行動や会話の理由を考えたりすることも必要となるため、場面と場面とを関連づけて読むことを意識するようになる。このような物語のしかけに気づかせることで読書の幅を広げるきっかけともなる。

《指導の工夫》
読むこと：「『しかけ』を探しましょう。」と指導者から提言するのではなく、児童が主体的に物語の「しかけ」を見つけたいと意欲を持つことが大切であると考えた。教材文「ゆうすげ村の小さな旅館」では、主役であるつぼみさんは、最後の場面で美月が実はウサギであることに気付いたように書かれている。しかし、もっと前の場面でも「怪しいな。」「不思議だな。」と、美月さんの正体について思い当たるところがなかっただろうかと問いかけることで、この物語のあちこちにちりばめられている「しかけ」を探したいと思えるのではないだろうかと考えた。また、場面の移り変わりに注意しながら読むために、時を表す言葉を手掛かりに場面分けを行う。人物の気持ちや性格を想像しながら読むために、美月とつぼみの人物マップを作る。音読では、全体で読んだり、二人読みをしたりして、文章をすらすらと読めない児童も、何度も読む機会を持てるようにする。そして、読みを深めるノートにするために、毎時間振り返りを書く時間を確保している。

8 単元の学習と評価の計画

次	時	学習活動（評価方法）	国語への関心・意欲・態度	読む能力	言語についての知識・理解・技能
	1	○「ゆうすげ村の小さな旅館」を読み、学習の見通しをもつ。初読の感想を書き、交流する。	○		
	2	○意味調べを行う。			○
	3	○時を表す言葉を手掛かりに場面分けを行う。		○	
	4	○登場人物の行動を一文で表す。		○	
	5	○人物の様子が表れている語や人物の行動や会話を手がかりに、つぼみさんと美月はどんな人物か読み取る。		○	
	6	○美月がウサギであることがわかるヒントを文中から探し、物語のしかけについて話し合う。（本時）		○	
	7	○学習のまとめをする。	○		

〈指導事項〉という項目設定の場合は、「小学校学習指導要領」の「内容」から抽出する。
〈単元の目標〉という項目設定の場合には、「…ができる」といった表現で目指す姿を1～2文程度で示す。

〈評価規準〉この単元で目指す児童の姿を示す。教師の指導が適切かどうかを〈評価〉する指標となる。

〈児童の状況〉〈児童観〉「何がどの程度できる・できない」という児童の実態、学習意欲、学級の課題など。

〈教材の価値〉〈教材観〉児童が、この教材から何を学び、どんな力や態度が育まれると期待されるか？

〈指導の工夫〉〈指導観〉目指す力を育むため、教師が構想している具体的な手立て（作戦）は何か？

数時間単位の学習活動のまとまりを〈次〉（「つぎ」または「つぐ」）と呼ぶ。「第○次の第○時に、どんな学習活動を行う」という計画を一覧にしたものが、〈単元の指導計画〉である。

〔この部分だけを指して「略案」や「本時案」と呼ぶ。〕

〈本時の目標〉と〈めあて〉の違いは？　両者の関係は？
〈めあて〉は、子供たちが取り組む学習活動を分かり易く一言で表現した、言わば「スローガン」のようなもの。
〈本時の目標〉は、〈めあて〉に代表される学習活動を通して、最終的にどのような能力や態度の獲得が目指されるのか示したもの。
端的に言えば、〈めあて〉は教師と子供が共有するものだが、さらにその先にある到達点＝〈本時の目標〉まで想定しておくのが教師の仕事である。

9　本時の目標（読む能力　第2次　4時）
　○物語のしかけを見つける活動を通して、叙述やウサギの特徴を根拠にして理由付けをすることができる。
10　学習展開（読む能力　第2次　5時）

学習活動	指導上の留意事項	評価規準・評価方法
1　「ゆうすげ村の小さな旅館」を音読する。 ・ペアで読む。 ・読み終えたペアは着席した後は一人読みをする。 2　本時のめあてを確認する。	○初発の感想を基に、どこで美月がウサギだと気づいたか考えながら音読をするよう伝える。 ○美月が登場している場面を音読する。	
美月がウサギだと分かるしかけを見つけよう。		
3　しかけを探す ・本文の中からしかけを探す。 ・見つけたしかけを発表する。	○しかけという言葉を押さえる。 ○ウサギの特徴を理由付けしやすいように、ウサギについて連想したものを掲示しておく。 ○見つけた本文に線を引くよう指示する。 ・赤鉛筆と物差しを使って文章の右側に線を引く。 ○最初に何個線が引けたか確認し、一つも見つけられていない児童には、ウサギの特徴について考え、分かりやすい見た目について書かれた文章のところを読んで線を引くよう声をかける。	【読むこと】 A：叙述やウサギの特徴を根拠にして、2つ以上に理由付けをすることができる。（発言・ノート） B：叙述やウサギの特徴を根拠にして、1つに理由付けをすることができる。（発言・ノート）
4　わけを書く。 ・見つけたしかけの中から、選んでわけを書く。 ・わけを発表する。	○なぜそこに線を引いたのか、どうしてウサギだと分かったのか尋ねる。 ○最初にわけが書けたか確認し、一つも書けてない児童には、ウサギの特徴について考え、分かりやすい見た目のところを読んでわけを書く声をかける。	
5　まとめをする。 ・しかけの効果について考える。 5　振り返りをする。	○どうして作者は物語にしかけを作ったのか尋ねる。	

11　板書計画

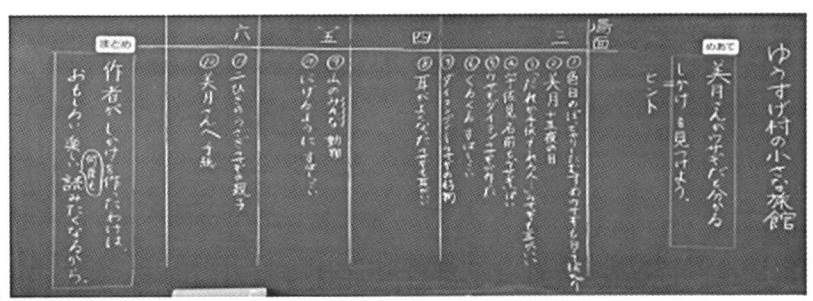

〈板書計画〉　板書は、授業の全体イメージを最も端的にビジュアル化したものである。板書計画がおおよそ描けるようなら、授業の大まかなイメージができ上がっている状態であるともいえる。

〈本時の目標〉
「どんな学習活動を『通して』何ができるようになるか」を端的に表現する。「…（学習活動）…を通して」という表現には、「子供の学びを成立させるために構想した主たる手立て」を明示する意図がある。伝統的に用いられてきた表現だが、近年は省略されて、「…ができる」という内容だけが表記されることが多くなっている。

〈発問〉
「なぜそこに線を引きましたか？」「どうしてウサギだとわかりましたか？」など、着眼点を絞り込み、深く考えるきっかけを生み出す教師の問い掛けのことを〈発問〉という。
学習指導案の中に具体的な発話内容を明記するケースと、しないケースがある。（学校ごとに形式は様々）

第5章　授業をつくる

第4節　各教科の授業

国語

1．付けたい力を明確に

　「国語の授業は何をすれば良いのかが分からなくて難しい」と言われることがある。しかし、そんなことはない。国語科授業ですべきことは明確である。国語科は、ことばの力を育む専門的教科である。したがって、国語科授業では、何よりもことばの力をつけることである。大事なことは、いま授業で何（教材）をしているかではない。いまことばの力をつけているかどうかが、問われているのである。ことばの力とは、話せる、聞ける、書ける、読める力である。そして忘れてはならないことは、それを学級全員の子供に保障することである。そのためには、その学年でつけたい力《目標》を明確にし、それを実現できる《内容》（単元・教材）を用意し、さらに、それを効果的に獲得できるように《方法》を工夫することである。あくまで目標が先、方法はそれを効果的に実現する工夫である。あえて繰り返すが、大事なことは、何をどうやっているか（方法）ではなく、どんな力がついているか（目標）である。

2．学習者の実態からスタートする授業（学習者観）

　どんな力がついていて、どんな力がついていないのか。その力を育むために、これまでどのような学習（既習）を経てきたのか——つけたい力の現状と課題について、その達成状況を明らかにすることが授業のスタートである。個人レベルで、学級レベルで、その実態を明らかにすることである。学習者（の実態）からスタートする授業の、その最初の確認事項である。したがって、よくありがちな、「このクラスの子供たちは元気で、○○が好きで……」といった一般的な学習者の姿（興味・関心等）ではなく、つけたい力（国語学力）との関連について書き記すことが肝要である。

3．付けたい力に結びつく教材研究（教材観）

　教えるためには、教えること（内容）について、教える側がしっかりと把握しておかねばならない。それが、教材研究である。国語科の場合も、教材研究はもちろん大事である。例えば、読むことの授業の場合、多くは教科書教材ということになるが、「教師の目」で、「学習者の目」で、複眼で読むことが大事である。あくまで多様な学習者の読みに適切に対応できる、そのためのものである。しかし、往々にして、教材研究を熱心にすればするほど、そ

れを教えたくなり、「教材を教える授業」になりがちである。「教材で教える授業」にするためには、教材研究に万全を期すとともに、それが学習者の問い・考え等を誘い出すようなものとして活用されることが望まれる。それこそが、教材研究本来の役割である。

4．学習者の学びを促進する授業（指導観）

　授業のねらいが明らかになって、教材も決まって、次は、これらを学習者の学びとして、どう効果的に展開するかという授業方法の工夫の段階である。国語科の場合、「言語活動の充実を通して」ということが長く言われてきた。しかし、言語活動であれば何でも良いのではない。あくまでつけたい力が効果的に（興味・関心・意欲をかき立てながら）育まれる「最適な言語活動」であることが求められる。いま主張されている「主体的・対話的で深い学び」も、この一環である。授業形態（個人学習、グループ学習、全体学習）、授業方法（問題解決学習、調べ学習等）についても、ここで考えることになる。

　「教室の主人公は子供たちである。しかし、教室の責任者は教師である。」――学習者の実態を把握しながら、何よりも当該学年の子供たち全員に「つけたい力」（つけるべく力）をつけていくことを心がけるべきである。

第5学年　国語科　学習指導案

　　　　　　　　　　　　　　　　　　　　　　　　　　　　　指導者　〇〇〇〇

1　日時　〇年〇月〇日〇校時
2　学年・組　5年〇組　〇人（男子〇人、女子〇人）
3　単元名　すぐれた表現に着目して、物語のみりょくを伝え合おう
4　教材名　「大造じいさんとがん」
5　単元の目標
　〇　語感や言葉の使い方に対する感覚を意識して、様子や心情を想像することができる。
　　　　　　　　　　　　　　　　　　　　　　　　　　　　【知識及び技能　オ】
　〇　人物の相互関係や心情、場面についての描写、優れた叙述について自分の考えをまとめ、それらについて話し合い、自分の考えを広げたり深めたりすることができる。【C読むこと　イ・カ】
6　単元の評価規準

知識・技能	思考・判断・表現	主体的に学習に取り組む態度
語句や言葉の使い方に関心を持ち、様子や心情を想像している。（言葉の特徴や使い方に関する事項　オ）	人物の相互関係や心情、場面についての描写、優れた叙述について自分の考えをまとめ、それらについて話し合い、自分の考えを広げたり深めたりしている。（読むこと　イ・カ）	人物の心情や場面の様子を表す表現を味わいながら読もうとしている。

7　単元について
　（1）児童について
　　　本学級の児童は、人物の行動や気持ちを叙述に即して読み取り、根拠を示しながら自分の考え

をまとめることができる。また、自他の考えを比較して、自分の考えを深めようともしている。しかし、表現の効果や優れた表現を意識して読むことは、まだ不十分である。

（2）教材について

「大造じいさんとがん」は、狩人である大造じいさんとがんの群れを率いる残雪との間でくり広げられる何年にもわたる激しい戦いを通して、大造じいさんの心情が変化していく様子を、巧みな情景描写と行動描写で生き生きと描いている作品である。色彩表現や比喩表現、オノマトペ等、効果的な表現が工夫されており、自分の感想がどの表現に基づいているかを伝え合うことができる教材である。

（3）指導について

物語の魅力である優れた表現に着目させるために、大造じいさんの心情が、残雪との関わりの中でどのように変化しているのかを読み取らせる。その際、情景描写や擬態語・擬声語や比喩等の表現と大造じいさんの心情とを重ねながら読み取らせる。また、椋鳩十の他の作品を読み合い、読書会を開いて本の魅力を紹介し合うことで、個々の感じ方の違いに気づき、自分の読みをさらに豊かにさせたい。

8 単元の指導計画（全7時間 本時は第5時）

次	時	学習内容
一	1	学習課題を設定し、学習計画を立てる。
	2	物語の構成をつかむとともに、印象に残った表現について交流する。
二	3	残雪との関わりを通して、大造じいさんの心情の移り変わりを読み取る。
	4	大造じいさんの残雪に対する見方が大きく変わった場面を探し、理由とともに話し合う。
	5	大造じいさんの残雪に対する心情を情景描写から読み取り、印象に残った表現を見つける。（本時）
	6	自分が感じた物語の魅力を友達に伝えるために、工夫してまとめる。
三	7	椋鳩十作品の読書会を開き、同じ作品を読んだ人どうしで、作品の魅力を紹介し合う。

9 本時の指導

（1）本時の目標

大造じいさんの残雪に対する心情を情景描写から読み取り、印象に残った表現を見つけることができる。

（2）本時の展開

学習活動（主な発問・指示）	○指導上の留意点 ▲評価規準（評価方法）
1．本時の学習課題を確認する。 　情景描写から大造じいさんの心情を想像し、印象に残った表現を見つけよう。 2．それぞれの場面を音読し、情景描写を見つけ、大造じいさんの心情を想像する。 （1）　第1場面の情景描写には、大造じいさんの気持ちと重なっているところがありますが、どんな気持ちでしょう。 第1場面「秋の日が美しくかがやいていました。」という表現から、何かいいことが起こりそうだ、たくさんのガンがとれそうだという期待感。	○各場面の情景描写を読み、それが単なる情景の描写ではなく、大造じいさんの心情を反映したものであることに気付かせる。 一人学習 ○情景描写に線を引き、大造じいさんの思いを書き込ませる。 ※登場人物の言動以外の、自然の様子が書かれているところに線を引かせる。

（2）  第2場面と第3場面の朝の情景描写は、同じ朝なのにどうしてこんなに違うのでしょう。	
第2場面「あかつきの光が、小屋の中に、すがすがしく流れこんできました。」は、明け方の暗闇から出てくる光だから、今までの失敗から抜け出し、今度こそうまくいくという思い。	一人学習 ○大造じいさんの心情と重なる言葉である「あかつきの光」「すがすがしく」や「真っ赤に燃えて」など、言葉のもつイメージや感覚を理解させる。
第3場面「東の空が真っ赤に燃えて、朝が来ました。」は、真っ赤という言葉から、残雪に対する大造じいさんのこれまでの激しい思いや悔しい思い。	ペア学習 ○対話をさせて、同じ言葉から感じるイメージ等を出し合い、言葉から受ける感じを広げ、深める。
（3）  第4場面の情景描写には、「晴れた」「らんまん」と「はらはらと散る」のような反対と思える描写がありますが、大造じいさんはどのような思いでしょう。	
第4場面は、「ある晴れた春の朝でした。」の「晴れた」からすがすがしい気持ち、「らんまんとさいたすももの花から満足感、「はらはらと散りました。」から別れの寂しさ。	全体学習 ○第4場面だけ、迎える秋ではなく、見送る春であることを確認する。 ○大造じいさんの心情と重なる言葉だと思われる「晴れた」「らんまんとさいた」や「はらはらと散りました」など、言葉のもつイメージや感覚を理解させる。 ○すがすがしさ、満足感、寂しさなどを話し合わせる。 ○記述の型を提示する。
3．印象に残った表現を抜き出し、その理由を書く。	「私は、○○という情景描写が印象に残りました。その描写から、大造じいさんの○○という気持ちが伝わってきます。（感じ取れます。想像できます。）」
わたしは、「らんまんとさいたすももの花が、その羽にふれて、雪のように清らかに、はらはらと散りました。」が印象に残りました。その美しい情景描写から、大造じいさんの満足感と残雪と別れる寂しさが一緒に伝わってきます。	
4．本時の学習を振り返る。	▲残雪に対する大造じいさんの心情を、情景描写に着目して読み取り、印象に残った表現を見つけている。（ノート）

算数

T：「さて、この2つの三角定規には、どのような角度がありますか？」
C：「30°、45°、60°、90°の4種類です。」

［板書］　30°、45°、60°、　　、90°

C：「先生、書き方がへんです。60°と90°の間が空いています。」
C：「あっ、わかった。別の角度が入るんだ。75°だ!!」
T：「なぜ、75°が入ると思ったのですか？」
C：「だって、角度が15°ずつ増えているからです。」
T：「でも、三角定規には75°という角はないけど、どうするの？」
C：「75°なら簡単に作れます。2つの三角定規を合わせるとできます。」
T：「2つの三角定規で実際にはない角度も作ることができるというわけですか。」
C：「だったら、15°ずつ増える角度をもっとたくさん作れるかもしれません。」

　ネット社会では、知りたい情報はすぐに検索できる。つまり、"検索"すれば"すぐに答えがわかる"というわけである。この傾向は次の考えによく似ている。算数は"公式などの解き方を丸暗記"すれば"すぐに正解を出せる"。算数の学習に対するこのような考えは、便利で効率的であるが、自分で考えるというプロセスが抜け落ちている。活用する力を身に付けるためには、解き方を自分の頭で考え、導き出すプロセスが欠かせない。

1．「ねらい」は考える力の育成
　算数に限らず、児童が自分の頭で考えることを授業の中核に位置付けるためには、周到に準備された数学的活動を具体化し、適切に授業の中に取り入れることが肝要である。さまざまな活動があるが、数学的な思考力の育成を重視する考えに立てば、とりわけ次の数学的活動の実現が強く求められている。

　　ア）作業的・体験的な活動など身体を使ったり、具体物を用いたりする活動
　　イ）算数に関する課題について考えたり、算数の知識を基に発展的・応用的に考えたりする活動
　　ウ）考えたことなどを表現したり、説明したりする活動

ここで取り上げている授業事例の「2枚の三角定規での角作りの活動」にはこれらすべてが含まれている。次ページの「小学校学習指導要領」に明記されているように、数学的な思考力・判断力・表現力を育成するためには、こうした数学的活動を通して、児童から数学的な見方・考え方を引き出し、それをさらに高めるより他に方法はない。

2．授業を展開するときに留意すること

算数科における思考力・判断力・表現力の育成は、問題解決の過程に即して行われる。算数科において重視すべき問題解決の過程は次のように整理できる。

①　問題意織をもつ
②　解決すべき問題を発見し、設定する
③　問題を解決する
④　問題の解法や解答を検討する
⑤　新たな問題意識をもつ

そして、授業展開を具体化する際に、こうした問題解決の過程に即して数学的な思考力の育成を図るためには、次の点に留意する必要がある。

（1）問題意識の高まり具合を大切にする

児童自らが問題意識をもつためには、特に単元の導入時や1時間の学習指導の導入時が重要な役割を果たす。したがって、導入時における問題の提示の仕方や教材は、児童の発達段階に即したもので、児童の知的好奇心を喚起し、児童が学習の必要感をもち、楽しさを感じるものでなければならない。

（2）自力解決と多様な考え方を大切にする

2つ目の留意点は、児童一人一人が自力で問題を解決し、多様な考え方ができるようにすることである。児童の自力解決と多様な考え方を促すためには、自力解決の時間をゆとりをもって確保し、児童たちの問題意識のもち方や解決の方法の違いなどを尊重し、それらの価値を同等に認めていけるような学習環境を整えなければならない。さらに、学級集団で多様な考え方を出し合い、共有し、それについて話し合うことによって、より数学的に価値のある考え方に高めていくことも大切である。

（3）数学的な見方・考え方の育成を図る教材を開発する

3つ目としては、児童の興味・関心を喚起し、数学的な価値を有し、発展的な取扱いができるような教材を開発し、算数科の学習指導に位置付けることが重要である。児童たちが試行錯誤を繰り返しながら隠れたパターンを発見することなどを通して、数学的な見方・考え方を身に付けたり、既に身に付けている数学的な考え方や知識・技能を活用しながら、それらをさらに応用・発展させていくことを目指したい。

小学校学習指導要領　第3　指導計画の作成と内容の取扱い　3
　数学的活動の取組においては，次の事項に配慮するものとする。
（1）数学的活動は，基礎的・基本的な知識及び技能を確実に身に付けたり，思考力，判断力，表現力等を高めたり，算数を学ぶことの楽しさや意義を実感したりするために，重要な役割を果たすものであることから，各学年の内容の「A 数と計算」，「B 図形」，「C 測定」，「C 変化と関係」及び「D データの活用」に示す事項については，数学的活動を通して指導するようにすること。
（2）数学的活動を楽しめるようにする機会を設けること。
（3）算数の問題を解決する方法を理解するとともに，自ら問題を見いだし，解決するための構想を立て，実践し，その結果を評価・改善する機会を設けること。
（4）具体物，図，数，式，表，グラフ相互の関連を図る機会を設けること。
（5）友達と考えを伝え合うことで学び合ったり，学習の過程と成果を振り返り，よりよく問題解決できたことを実感したりする機会を設けること。

第4学年　算数科　学習指導案

指導者：○○○○○

1. 日時　　　○年○月○日○校時
2. 学年・組　4年○組（男子○人，女子○人，計○○人）
3. 単元名　　角とその大きさ
4. 単元について

　これまでの学習では、角の大きさは三角定規にある4種類の角のみで表現してきた。本単元では、三角定規にある4種類の角では表現しきれないより細かな角の大きさの測定の仕方や表現の仕方を学ぶ。

　また、長方形、正方形、二等辺三角形などで捉えてきた「角の大きさ」はあくまでも測定の範囲であった。本単元では、三角定規の組合せなどにより、角の合成・分解の考え方も形成する。この基礎・基本となるのは、既習の長さやかさ、重さの学習であり、ここで形成された考え方は多角形の内角の和などの学習で活きてくる。

5. 指導計画（全8時間）

次	時間	主な学習活動
第1次 回転の角の概念を理解する。	3	・回転することによりできる角の意味を知り、半回転や1回転したときにできる角の大きさを直角のいくつ分であるかを理解する。 ・分度器の仕組みや角の大きさ（角度）を表す単位「度（°）」、1直角＝90°などを理解し、いろいろな角の大きさを分度器を用いて測定し、表現する。 ・分度器を用いて180°より小さい角や大きい角の角度を測定し、表現する。対頂角が等しいことを理解する。

★本時の目標（主眼ともいう）は、最初に目を通す箇所である。本時を通して、児童たちと一緒に何を学ぶつもりなのか、焦点を絞って、簡潔・明瞭にまとめたい。

★算数の授業づくりの基本的な事項は、指導計画、教材研究、授業構成の3つである。

※単元の指導内容の確認は教材研究の一つである。少なくとも「小学校学習指導要領」および教科書での取り扱いを確認したい。できれば、本単元の指導内容だけでなく、関連する既習事項および今後の学習展開まで視野に入れておきたい。

第2次 分度器の使い方について知る。	2	・分度器を用いて180°より小さい角や大きい角の作図の仕方を理解し、作図する。 ・分度器、定規、コンパスを用いて、指定された辺の長さや角の大きさの三角形を作図する。	
第3次 三角定規を組み合わせていろいろな角を作ることができる。	2	・1組の三角定規のそれぞれの角の大きさを知り、三角定規を組み合わせて様々な大きさの角を作り、それぞれの角の大きさを求める。（**本時**） ・三角定規を組み合わせて、75°や15°などの大きさの角の作り方を考え、実際に作ることができ、角の大きさを確かめることができる。	
第4次 三角定規を用いた角の敷き詰め方を考えることができる。	1	・複数の三角定規を組み合わせて150°などを敷き詰める活動を通して、角も合成・分解できることを理解し、さまざまな敷き詰め方を考えることができる。	

※単元の指導計画は、授業者のよるさまざまな工夫が可能である。使用する教科書には、一般的な単元指導計画が例示してあり、標準的な指導時間数も明示されている。まずはそれを出発点として、児童の実態への配慮や授業者の教育観などを取り入れながら、よりよい指導計画の工夫・改善に取り組みたい。なお、左表では、評価項目と評価規準が省略されているが、各時間の目標に沿った評価項目と評価規準を必ず明示しよう。

6．本時の指導
（1）目標
　2枚の三角定規を組み合わせて、様々な大きさの角をつくる活動を通して、角の合成・分解を角度の加減計算として求めることができるようにする。
　（準備物）分度器、三角定規、教師用三角定規、教師用分度器
（2）展開

時間	主な発問と子どもの反応	指導上の留意点と評価
8	1．どんな大きさの角ができるか考える。 T：「2枚の三角定規を組み合わせているけれど、何度の角ができたかな？」 C：「75°ができた。」 C：「125°ができた。」 C：「130°ができた。」	○児童たちに1組の三角定規を用意させる。しばらくすると2枚の三角定規を組み合わせて遊び始める。この自由遊びを学習のスタートにする。
12	2．角の作り方を発表する。 C：「45°の角と60°の角を合わせて105°の角を作りました。」 C：「90°の角と60°の角を合わせて150°の角を作りました。」 C：「全部を言葉で説明するのはたいへんだから、式で説明すればよいと思います。」 T：「では、式で表すとどうなりますか？」 C：「45°＋60°＝105°」 C：「90°＋60°＝150°」	○作った角の大きさの発表ができたら、どのように作ったかの発表に入る。 ○慣れてきたら、定規や図で考え説明する段階から、次第に式で考え説明する段階へと移行する。
13	3．定規を重ねたらどうなるか考えてみる。 C：「先生、2枚の三角定規を重ねてはいけないのですか？」 T：「いいですよ。重ねたらどうなる？」 C：「45°－30°で15°ができました。」 C：「60°－45°でも15°ができます。」	○児童一人ひとりが自力で解決し、多様な考え方ができるような支援を行う。 ○重ねて作ると、式がたし算ではなく、ひき算になることを確認する。

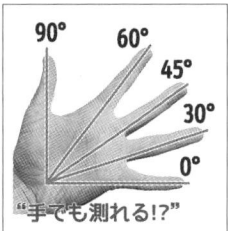
"手でも測れる!?"

※本時の目標を達成するためには、どのような学習場面で、どのような活動を、どのように展開して授業を構成すればよいのかを検討する。その場合、導入・展開・まとめといった段階やそのつなぎをできるだけ自然で文脈豊かでストーリー性に富んだものにすることが肝要である。先にも述べたように、問題解決型の授業構成を基本にしながら、さまざまな工夫を凝らしたい。教師のもっているものが最も強く反映される部分である。

第5章　授業をつくる

12	4．最後に、クラス全員で作り上げた角の大きさをすべて板書する。 　15°、30°、45°、60°、75°、90°、105°、 　120°、135°、150°、180° T：「15°ずつ角度が増えていますね。さて、足りない角度は何度ですか？」 C：「165°がありません。」 T：「次の時間に165°の作り方にチャレンジしてみましょう。」 C：「はーい。」	○クラスの仲間と考えを伝え合うことで学び合ったり、学習の過程と成果を振り返り、よりよく問題解決できたことを実感する機会を設ける。 ○未解決の課題に対して、試行錯誤を繰り返しながら、さらに応用・発展させていく姿勢を大切にする。	※指導方法については、次の事項の検討が必要である。 ①一斉・グループなどの学習形態の検討 ②教具・教育機器の検討 ③発問・助言の検討 ④板書計画の検討 ⑤クラスの実態・レディネス等の把握 気づかないうちに、型どおりの指導方法をとってしまいがちである。目標や内容、クラスの実態等に応じて指導方法は変えていくべきものである。なぜそのような指導方法を採用しているのかという自己への問いかけを忘れないようにしたい。

社会科

　社会科の授業づくり（この活動を「教材研究」と言う）はどのように行われ、授業実践はなされるのだろうか。また、教育実習の際には、自分が作成した授業を、指導をしていただく先生、そしてその他の実習生等の授業観察をする人に説明するために「学習指導案」で示す必要がある。
　そこで、社会科の教材研究と学習指導案の作成の2つをここでは考えていきたい。

1．社会科の教材研究

1）「小学校学習指導要領」と教科書を読む

　ここでは考察する事例として、江戸時代の参勤交代の場合を例に考えてみよう。
　最初に行うことは、教育課程の基準である「小学校学習指導要領」とその解説を読むことである。知識目標は「江戸幕府の始まり，参勤交代や鎖国などの幕府の政策，身分制を手掛かりに，武士による政治が安定したことを理解すること。」[1]と示されている。
　次に、児童に配布されている教科書記述を見てみよう。児童全員に配布され、児童が学習を進めるに当たっての主たる教材である。例えば「3代将軍の家光は、武家諸法度を改めて、大名が領地（藩）と江戸を1年おきに行き来する参勤交代の制度を定めました。さらに、大名の妻や子どもは、人質として江戸に住まわせるようにしました。こうして、幕府が強い力で全国の大名を支配するしくみが整えられました。」[2]と記述してある。
　「小学校学習指導要領」や教科書記述から分かることはわずかである。この教科書記述を児童に音読させても、領地と江戸を1年おきに往復したこと、妻と子を江戸に住まわせたこと、は読み取れるが、それによってどうして強い力で大名を支配するしくみが整えられたかは、具体的には分からないままである。

2）専門書を読む

　ここに専門書を読み、教師自身が十分理解する活動として日本の歴史に関する専門的な文献を読む必要が生じる。相手が小学生だからといって、軽く見てはいけない。
　「10調べても授業では1しか使えない」とは実習や研修等でよく耳にする言葉である。
　それくらい調べ、多くの情報を入手する必要がある。教科書記述レベルからの情報では、

1）文部科学省「小学校学習指導要領　社会編」
2）『小学社会6上』（教育出版，平成26年検定済，p.67）なおルビは省略した。

児童が持つ情報量と同じなのであるから授業にはならない。

江戸時代の参勤交代に関して、分かりやすい文献がある[3]。

文献によると、大きな藩であった加賀藩の場合、普通の年で2千人、多い年で4千人にのぼる供の者を引き連れ、10数日を要しての大名行列であった。その宿泊費用は、2千人の人間と馬2百頭で金沢から東京まで12泊13日かかったとして、宿泊代だけでも現在のお金に換算して2億円にのぼる。また、幕府は大きな川には江戸を攻め難いように橋を架けていなかった。加賀藩は江戸に到着するまでに5メートル以上の大きな川を38回渡らねばならず、人と馬の川越えの代金が、おおよそ800万円もかかっていたのである。さらにお供の者達との江戸での1年間の生活費には7千万円前後が必要だった。加賀藩は大名行列も豪勢にしたので、それにも多くのお金がかかり、参勤交代には約5～6億円の費用が必要で、その額は藩の収入の半分以上を占めていたのである。

文献から、参勤交代は藩の財政に大きな負担となっていたこと等の具体的な情報が収集できた。そのような負担が幕府に対する抵抗力の押さえとなり、幕府の政治の安定につながったことが分かる。

これらのことは、調べていてもたいへん興味を喚起することがらである。教師自身が学習対象を楽しんでいることが授業でも自然と表れ、それが児童の興味を喚起させることにつながる。

2．学習指導案の作成

参勤交代と幕府の政治の安定との関係が具体的に分かったら、それをどのように授業として成り立たせるかが次の課題となる。

1）目標－内容－方法の決定

教育活動では目標（何のために）－内容（何を）－方法（どのように）を一貫させて考える必要がある。ここでの教材研究の結果として目標は、例えば「江戸幕府の参勤交代の制度により諸大名は重い財政負担を強いられ、幕府への抵抗力を弱めた。そのことによって幕府による政治は安定した」ということになるだろう。

内容は、加賀藩を事例として、参勤交代の費用の実際を取り上げることになる。

では、この目標に向けて内容を児童にどのように理解させるのか、その方法を次に考えなくてはならない。先生が解説するのではなく、児童自身が自らの力で目標に到達することが大切である。教師の活動（ここでは児童の思考力を喚起するための発問が中心となる）と学習内容の関連づけとその配列を考えなくてはならない。具体的には、［発問→資料（考える手掛か

3）例えば［忠田敏男（1993）『参勤交代道中記――加賀藩史料を読む――』平凡社.］など。

り）→発問に対する答えとしての学習内容］を１つのまとまり（単位）として作る。例えば、［加賀藩は江戸に着くまでに何泊したか？→資料→○○泊］［加賀藩の一泊の費用は？→資料→○○］‥‥。これらのまとまりをどのように配列すれば児童自身が自らの力で目標に到達できるのかのプロセスづくりである。

２）学習指導案の機能と形式

一般にベテランになればなるほど学習指導案を書くことはなくなり、頭の中に授業の目標、発問そして授業の流れなどを思い描くことで済ませるようになる。それは経験から学習展開の具体的な手かがりを示す機能を学習指導案に求める必要度が下がるからである。学習指導案が最低限果たす機能は、授業作成者が授業観察者に自らの授業づくりを説明する機能である。さらに、授業後に授業観察者が本当にその授業づくりで良いのかを試す（これを「授業を追試する」とも言う）ことができる機能を果たすことが期待される。

では、学習指導案はどのような形式を備えておく必要があるのだろうか。具体的事例を以下に示したい。

先ず「本時の授業名」、次に単元観（本単元を授業者はどのように捉えているか）を明記する必要がある。特に社会科の場合、学習対象はいろいろな捉え方ができる。幕府の側から捉えるのか、農民の側から捉えるのか等々によって江戸時代の捉え方も変わってくる。そこで授業者はどのような理由から、どのような側面から学習対象を捉えたかを説明しなければならない。この単元観は、その授業者の捉え方とそれに対して児童がどの程度の理解度や興味・関心を持っているか（これをレディネスと言う）、それに対して本単元がどのような学習の意義をもつか、の少なくとも３点は記述する必要がある。それに引き続いて、１時間の授業は、１つの単元に位置付くことによって、その学習の意義をもつのであるから、単元計画を示し、本時の箇所（つまり授業を観察していただく箇所）には必ず「本時」と明記する必要がある。最後に本時の展開過程を示すことが必要である。この展開過程の書き方には定まった形式はない。実習校等でさまざまである。次の事例は、追試可能性を保障しようとしたものである。

第５章　授業をつくる

第６学年　社会科　学習指導案

指導者　○○○○

1. 授業名…………「参勤交代の制度をなぜつくったのか」
2. 単元名…………「江戸幕府の成立と政治の仕組み」
3. 単元観………・学習対象の捉え方　・レディネス　・単元設定の意義
4. 単元の目標……約270年間続いた江戸時代を、幕府の支配体制の仕組みから理解する。
5. 単元計画（全４時間）

(1) 江戸幕府の成立………1時間
(2) 政治のしくみ…………3時間
　①大名統制……1時間
　②参勤交代……1時間（本時）
　③身分制度とキリスト教の禁止‥‥1時間
6．本時の目標……参勤交代の制度により諸大名は重い財政負担を強いられ、幕府への抵抗力を弱め、幕府による政治は安定したことを理解する。
7．本時の展開

	教師の活動	資料	児童の活動	学習内容	
導入 8分	○資料（加賀藩の大名行列の図）を見せてどんな様子かな？と発問する。	①	○答える。	○多くの人が豪華な様子で歩いている。	余裕があれば、補足も入れる。例えば加賀藩は2～4千名での大名行列であった。
	○何をしている様子かな？ 教科書を見て答えさせる。	②	○教科書を見て答える。	○加賀藩の大名行列の図である。	
	○大名行列はどこへ、なぜ行こうとしているのだろう？と発問する。	③	○教科書を見て答える。	○3代将軍家光は参勤交代の制度をつくり、大名は1年おきに藩と江戸を往復しなければならなかった。	
	◎なぜこのような制度をつくったのだろうか？と発問し、本時の課題を明示する。		◎学習課題を把握する。		導入の最後に、本時の課題（解明する疑問）が来るように！
展開 32分	○金沢から江戸まで歩くと何日かかるだろうか？と発問し、11日間かかることを説明する。		○予想し、説明を聞く。※予想される答え。	○金沢から東京までを歩くと11日間はかかる。	予想される答えも書いておくとよい！
	○11日間の移動にはどのくらいお金が必要だっただろうか。				
	・宿泊費は？	③	・資料を見て答える。	・［中略］	左右の対応関係に留意したい。
	・○○？ ［中略］	④	・資料を見て答える。	・	
	○参勤交代は加賀藩の収入のどのくらいを占めていただろうか？と発問する。		○学習を振り返り答える。	○加賀藩の収入の半分以上を占めていた。	
終結 5分	◎参勤交代は大名にとってどのような制度と言えるだろうか？と発問しまとめる。		◎本時の学習を振り返り答える。	◎大きな負担となり、幕府へ抵抗する力を弱めた。	

【資料】① ② ‥‥
【参考文献】○

資料の名称や出典、参考文献を明記すること。

理科

1．理科の授業づくり

理科授業の特徴は、実験や観察を行うことである。そのため、準備においては講義だけでなく、実験・観察の準備も必要である。分かり易く洗練された理科の授業づくりは、「学習活動に必要な実験・観察器具を準備し、授業計画が適当なものかどうかを判断して実践し、授業の後、足りなかったことを振り返り改善する。」の繰り返しである。

近年、理科の実験には、デジタルの観測機器が『小学校学習指導要領解説　理科編』・教科書に紹介されている。デジタル機器の使用は数値のデジタル化によって観測が容易になり、まちがいを起こさなく短時間に観測ができる利点があり、学習活動が合理化され、内容理解に集中できる効果がある。学習内容によっては授業への導入を検討したい。

2．授業計画の作成
1）「小学校学習指導要領」

授業計画作成の例として、「第3学年　A　物質・エネルギー（5）電気の通り道」を取り上げる。『小学校学習指導要領』の内容は、次のようになっている。

小学校学習指導要領　第2　各学年の目標及び内容

　電気の回路について，乾電池と豆電球などのつなぎ方と乾電池につないだ物の様子に着目して，電気を通すときと通さないときのつなぎ方を比較しながら調べる活動を通して，次の事項を身に付けることができるよう指導する。
ア　次のことを理解するとともに，観察，実験などに関する技能を身に付けること。
（ア）電気を通すつなぎ方と通さないつなぎ方があること。
（イ）電気を通す物と通さない物があること。
イ　乾電池と豆電球などのつなぎ方や乾電池につないだ物の様子について追究する中で，差異点や共通点を基に，電気の回路についての問題を見いだし，表現すること。

第5章　授業をつくる

2）授業計画

第3学年　理科「電気の通り道」　学習指導案

指導者　○○○○

1．指導目標（めあて）
　乾電池と豆電球を使って電気を通すつなぎ方と通さないつなぎ方を調べ、電気の回路の仕組みを理解する。
2．授業計画（単元全体6時間＋ゆとり1時間）
　単元導入　電気で明かりをつけよう（1時間）
　　第1時（導入）　電気で明かりをつけよう（街の明かりの写真について話し合う）
　第1次　明かりがつくとき（第2・3時、2時間）
　　第2時　明かりがつくつなぎ方とつかないつなぎ方
　　<u>第3時　ソケットを使わないで明かりをつけよう（本時、1時間）</u>
　第2次　電気を通すもの・通さないもの（第4・5時、2時間）
　まとめ・発展（1時間＋ゆとり1時間）
3．本時の授業計画例（分かり易く表にする。学習の流れ（時系列）、学習活動・学習支援、学習指導・学習評価等の項目に分けて授業計画を作成する。）
　　めあて（学習課題）：ソケットを使わないで明かりをつけよう
　　<u>本時のねらい：豆電球のしくみ（構造）を理解し、ソケットを使わないで豆電球に明かりをつけることにより、豆電球と乾電池がつながる回路を理解する。</u>
　　準備物：豆電球、導線、乾電池、セロテープ（準備物の配布は授業計画に沿って行う。）
授業計画

学習の流れ	学習活動・学習支援	学習指導・学習評価
前時の復習と導入 ソケットを使ったあかりのつけ方の復習をする。豆電球を見せる。　　　　　　（5分）	先生が豆電球に乾電池をつないで明かりをつける。次に、豆電球をソケットから外して見せる。	豆電球のスケッチを児童に板書させた後、正しい豆電球のしくみを説明しながら描き、ワークシートに写させる。
学習1　豆電球の観察・スケッチ ワークシート使用　　（5分）	<u>配布：豆電球とワークシート</u>豆電球をスケッチさせる。	
学習2　豆電球と乾電池のつなぎ方の学習 ワークシート使用　　（15分）	ソケットを使わないで豆電球と乾電池をつなぎ、明かりがつくつなぎ方を考え、ワークシートに書く。班毎に発表する。	ワークシートの書き方を説明する。導線はフリーハンドで描く。明かりがつくつなぎ方とつかないつなぎ方を黒板で分類する。正しいつなぎ方をまとめ、間違ったつなぎ方も示す。ショートして危険な回路も図に書いて示す。
学習3　ソケットを使わないであかりをつける。　　（10分）	<u>配布：乾電池（ボックスなし）、導線2本、セロテープ</u> 実験方法の説明：乾電池と導線をセロテープで接続する方法を説明する。配布が終わったら、正しいつなぎ方を実践する。	教卓で、セロテープを使って、導線と電池をつなぐ。 正しいつなぎ方で豆電球に明かりがつくか調べる。結果をワーク

42

			シートに記録する。
まとめ・考察	（10分）	明かりがつくのはどのようなつなぎ方かまとめる。	明かりがつくときは豆電球と乾電池が輪のようにつながる回路になっていることを示教する。

4．板書・掲示
　学習活動の内容に沿った板書を計画する。複数回になるときは、残すものを決める。児童の発表は板書かワークシートの掲示かを決めておく。（発表は班毎に行なう。）
（1）豆電球のしくみ（児童の発表と先生の手本）

めあて　豆電球のしくみを調べよう[4)]

豆電球のしくみ（児童の板書または掲示例）
（見えない中の導線も書くように指導）

　　A　　　　B　　　　C

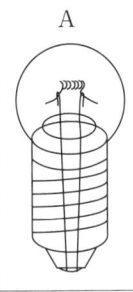 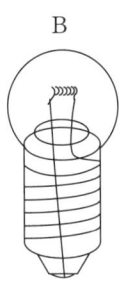 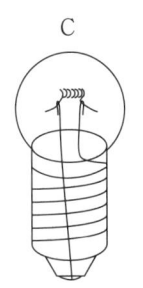

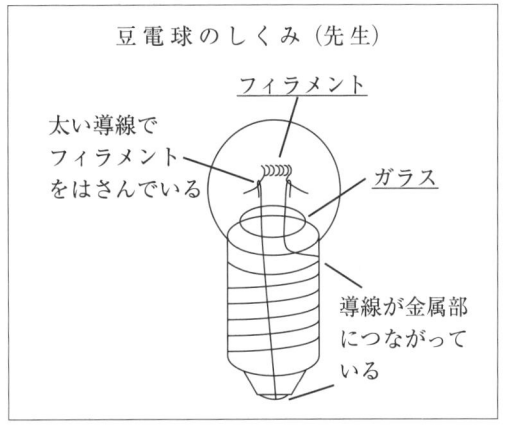

（2）ソケットを使わないで明かりをつける

めあて　ソケットを使わないで明かりをつけよう[5)]
ソケットを使わない明かりのつけ方（児童の板書または掲示）
・導線2本を使うつなぎ方　　・導線1本のつなぎ方（豆電球は児童が書く）

 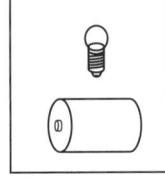  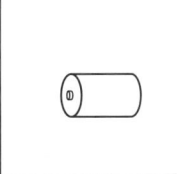

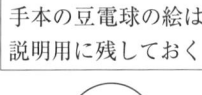
手本の豆電球の絵は説明用に残しておく

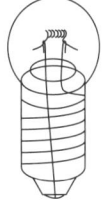

4）豆電球のしくみ（構造）をワークシートにスケッチをさせた後、板書（またはワークシートの掲示）させる。その後、正しいしくみの絵を説明しながら書く。（児童の間違い例　A：内部導線の誤接続、B：フィラメントと導線の不正確な接続、C：固定用ガラスの欠如）
5）導線と乾電池・導線と豆電球の接続はセロテープを使って行う（手本を示しながら説明する）。児童の気づきを集約し（発表を板書）、意見交換などを行った後にまとめる。（班毎にワークシートを配布する。）

気づき（児童）	まとめ（先生）
1　豆電球のおしりとねじの金属の部分に電池の 　　プラスとマイナスをつなぐと明かりがつく。 2 3	豆電球の中はフィラメントにつながる電気の通り道があり、ソケットの導線はその通り道につながっている。

5．ワークシート
　ワークシートを作成し、児童の記録・発表などに適宜利用する。
　ワークシート例1　豆電球のスケッチ（児童の記入と先生の手本）

豆電球（児童）	豆電球（先生の手本）

　ワークシート例2　ソケットを使わないで明かりをつける

ソケットを使わないで明かりをつけよう
　実際に豆電球・導線・乾電池を接続する前に、あらかじめワークシートで線を書いて豆電球に明かりがつくつなぎ方を考える。（正しい接続は赤線で書く）

導線2本を使う場合　　　　　　　　導線1本を使う場合

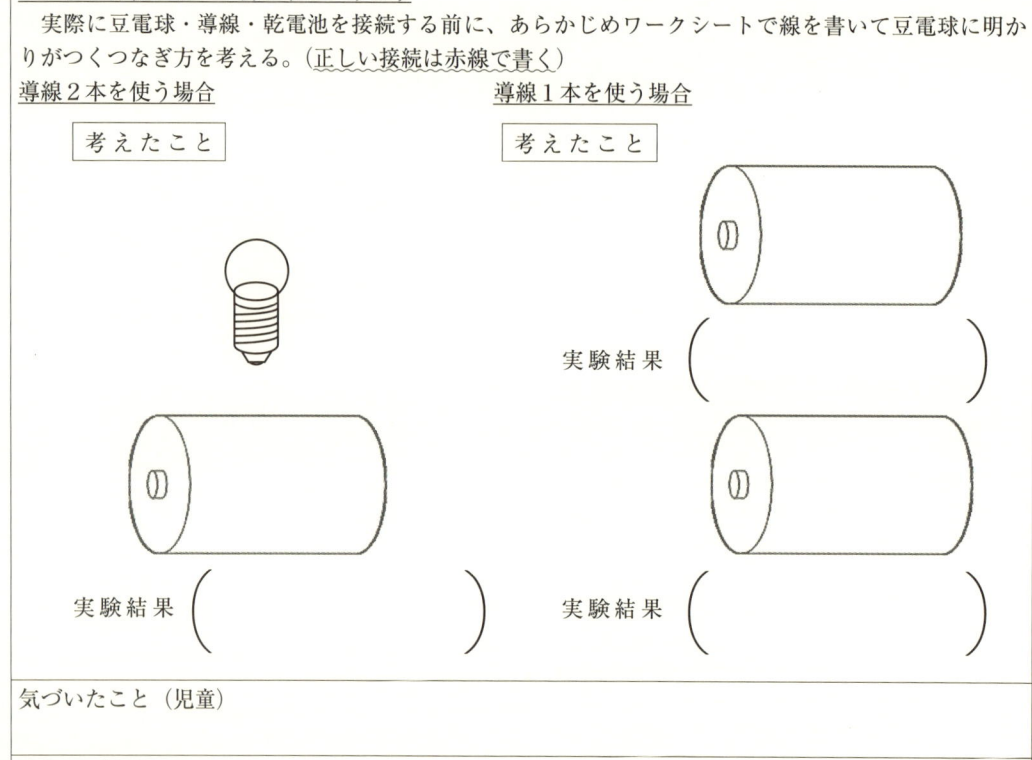

気づいたこと（児童）

まとめ（先生）

生活科

　児童[6]が身近な人々や社会、自然に興味をもち、自分との関わりに気付いたり、愛着を深めたりするためには、児童の自発的で積極的な働きかけの場を設定すると効果が高い。子どもが毎日の生活の中にある面白さや不思議さに気付けるよう、幅広く深まりのある「活動・体験」を取り入れて、「子ども中心」の授業としよう。

　低学年では、生活科を中心に合科的・関連的な指導が行われる（特に入学当初。スタートカリキュラム）。幼児教育との接続や各教科等との関連を図ること、低学年教育全体の充実を図ることに加え、中学年以降の各教科の自覚的な学びへの円滑な移行に念頭に置くことが大切である。

1．生活科のねらいは「自立し生活を豊かにしていく」こと

　生活科では、学びを通して自立（学習上の自立、生活上の自立、精神的な自立）の基礎を養う。子どもは自立し成長することで、学びを実生活に活かしたり、新しいことに積極的に取り組んだりなど、自分の世界を広げることができるようになる。そうして周囲との関わりや環境が多様化し、深まり、豊かになることで、子どもの心は豊かになっていく。

　児童一人一人が身近な人々との信頼関係や、社会や自然に包まれることの心地よさを感じられる活動・体験を充実させること、その上で、よりよい生活に向けて安心して思いや願いを実現しようとする姿を発揮できる環境を整えること、それらを具現化することにより、生活科は子どもが未来へ向かって成長する舞台となる。

2．「活動・体験」中心の授業づくり

　子どもは見る、聞く、触れる、つくる、探す、育てる、遊ぶなどして「自分で」「直接」対象物（人）に働きかける学習活動を行うことで、また、感じたことや気付きを言葉、絵、動作、劇化などの多様な方法で表現する学習活動を組み合わせて伝え合ったり振り返ったりすることで、気付きの質を高めていく。

　学習の際は、対象を具体的に明確に取り上げ、一方的でなく双方向性のある活動となるよう工夫しよう。そうすれば、児童が人や物事と関わることに積極的な様子が見られるように

---

[6] 本書p.45からp.48では、次の意味で「児童」と「子ども」という語を使い分けている。
　　＊児童………学校生活にある子ども
　　＊子ども……日常生活全般のなかでも子どもそのもの

なってくる。また、身近な人々、社会、自然と繰り返し関わることでそれらの特徴に気付き愛着を感じる活動と、幅広い対象と様々な学習環境の中で関わることで人々、社会、自然の多様性に気付く活動、その両方を実施できる授業計画を立よう。

3．内容を組み合わせた単元計画

生活科では複数の内容を組み合わせて一つの単元を構成し、家族、学校、地域の人々や社会および自然が「私（自分）」を中心としてつながりあっていることを感じられるようにする。2年間の学習計画や学習活動の全体を見通して、各内容をバランスよく組み合わせよう。

授業の中では、児童一人一人が幼児期からの様々な体験や毎日の生活の中で培ってきた自分自身の生活への見方・考え方を発揮させることが大切だ。日頃から子どもの生活に関心をもち、情報を集め、分析しておくと良い。児童の実態を捉えた適切な配慮に加え、児童の生活圏である地域の学習資源（人、物、自然や社会の環境）を積極的に活用することで学習内容が子どもの生活と結び付く。地域の自然や社会、歴史の魅力を調べたのしむこと、地域の特産物や伝統行事などを軸とした授業づくりも効果的だ。

4．よりよい授業を実現するために

活動・体験中心の生活科の授業づくりでは事前の教材研究が欠かせない。学校内の教職員の方々はじめ保護者、地域の方々など、さまざまな専門性や生活体験を持つ方たちの助言を積極的に求め、指導者自身が実際に学び、活動してみて、心から面白味や気付きの深まりを感じられる活動を厳選したら授業に取り入れてみよう。手間と時間を充分にかけ準備した授業ならば、子どもの目はかがやき、想像以上の力を発揮してくれるはずだ。そのためにも常に授業準備のための時間や心の余裕を忘れないようにしたい。

最後に、子どもの気付きやその表現作品は、児童一人一人の学習の記録として積み重ね、丁寧にファイルし保存すること。半年後、一年後などの節目ごとに児童が自分自身の成長を振り返る場面を設定すれば、児童は過去の記録や作品と今の自分とを比較して自分の成長を確信し、将来への期待がふくらみ、自信が生まれる。自信を持てば、夢が生まれ、夢の実現のための努力を重ねる力が湧いてくる。自立し、生活を豊かにすることにつながる。さらに、授業作品の振り返りは保護者や教員自身にとっても価値がある。保護者は子どもの成長に安心し、学校生活や教員の取組への理解を深めるであろうし、教員は、子どもとともに積み重ねた日々の成果を形にすることで、子どもとともに成長する自分に自信をもてるようになる。よりよい授業に向けて取り組む勇気と力が湧いてくるのではないだろうか。

第2学年　生活科　学習指導案

指導者：○○　○○○

単 元 名： きもちがいいね、あき（「あきってたのしいね」木の葉の造形）
日　時： ○年 ○月 ○日 ○校時　場所： ○○教室
対象学級： ○年○組（男子○人、女子○人、計○○人）

1．単元のねらい
校庭や学校近くの公園や野原などの身近な自然環境での生き物の観察や採集、自然物を使った遊びや表現活動を通して、季節の変化を感じ取り、秋の気持ちよさを友達とともに味わい、伝え合い、楽しむことができる。

2．単元の構成
導入　「あきを見つけよう」2時間
　　　身の回りで感じる季節の変化について気付きを発表したり、校庭で秋を探して遊んだりして、秋さがしの計画を立てる。
1次　「どんなあそびができるかな　①②」6時間
　　　校外のあそび場に出かけて自然物を使った遊びなどを友達と一緒に楽しみ、季節の変化を感じ取る。繰り返し活動することで気付きを深める。
2次　「あきってたのしいね」2時間（本時2／2）
　　　集めてきた落ち葉や木の実などを使った遊びや造形活動を行い、外での活動を振り返り、秋を楽しみ、気付きを表現する。
3次　「見つけたあきをはっぴょうします」2時間
　　　見つけたり感じたりした秋について発表しあい、気づきを共感しあうとともに、気づきの伝え方についても相談し工夫する。
4次　「あきまつり　わっしょい！」3時間
　　　これまでに作成した造形作品や遊び道具などの作品を使い、みんなで協力してあきまつりを準備し、楽しむ。
終結部　「もうすぐふゆやすみ」1時間
　　　これまでの学習を振り返り、冬休みやお正月の生活について計画する。

3．単元について
学習指導要領の内容「（5）季節の変化と生活」「（6）自然や物を使った遊び」に、「（8）生活や出来事の交流」を加えた内容を中心に学習活動を展開する。児童には自然物を使った季節感のある遊びの経験が少ないため、多様な遊びを繰り返し楽しめる場を設定し、気付きカードや造形表現を通して気付きを伝え合う活動へと発展させたい。児童が友だちとの遊びや遊びのための物作りなどを通して季節の変化に気付き、心地よさを味わい、生活の中に季節の変化を取り入れる工夫をするような活動としたい。

Point

★生活科の指導計画では2学年間を見通して学習活動を設定する。

※まず、年間指導計画や単元計画を確認し、その上で本時の展開について検討する。

※児童、学校、地域の実態に合わせた授業づくりが必要となる。また、第1学年と第2学年、子どもの生活体験の有無などによって、同じ内容の単元でも具体的な活動内容は変わってくる。

★生活科では、学校外での学習を積極的に取り入れる。

※担当授業と関連した学習活動の内容とあわせて活動の場についても調べよう。校外に実際足を運ぶことで子ども理解が進み、授業の「種」も見つかるはず！

第5章　授業をつくる

4．本時の目標
・野外で集めた落ち葉を使った見立てあそびや造形あそびを行い、前次で気づいた秋の心地よさや季節の変化を振り返って感じ取る。
・植物の葉の形や色の面白さ、美しさに気付き、自然への興味・関心を深める。

5．準備物　　押し葉、ハサミ、のり、台紙、ラミネートシート、ラミネーター、作品紹介シート、公園の写真、採集物、木の葉の造形作品、図鑑

6．本時の展開

時間	児童への働きかけ・予想される児童の反応	指導上の留意事項
5	導入部 公園ではたくさんの落ち葉を集めましたね。 ・赤や黄色できれいだった。 ・緑の葉っぱもあったよ。 ・押し葉にしたら乾いて平たくなった。 葉っぱの色や形は何にみえるかな？押し葉で秋の作品を作りましょう。	○秋の公園の光景を思い浮かべられるよう、景色や空の雲の写真、木の葉やどんぐり、虫など採集した自然物を提示する。
30	展開部 先生はモミジの葉が鳥の尾羽に見えました。みんなは何にみえるかな？ いろんな葉を組み合わせてもいいよ。 ・モミジの葉っぱは手のひらみたいだった。 ・葉っぱを組み合わせると金魚ができた。 ・葉っぱをちぎっても良いですか？ ・一枚の葉っぱにもいろんな色がある。 台紙の上に葉っぱを並べて絵を作ろう。 葉っぱの絵ができたら、手を挙げて先生に教えてね。ラミネートします。 ・色がきれいになった。 ・これは何の葉っぱかな？調べてみたい。	○児童の気付きを全体にひろげ、共感し、気付きの質を高める。 ○葉の形、色を活かした作品となるよう促す。 ○機を見て作品例を示し、製作意欲を高める。 ○友だちの作品のよいところを見つけ合えるようにする。 ○図鑑での調べ学習に発展させる。
10	終結部（まとめ） 明日自分の作品をみんなに紹介できるように、作品紹介シートに書いておきましょう。	○活動を通して気付いたことを言葉でも表現できるようにする。

★活動では意外とたくさんの物を使う。準備物を書き出しておこう。
※学校の備品等は早めに数を確認しておこう。

★活動の様子や気付きについて振り返りをしやすい環境づくりを！
※ICTの活用だけでなく、実物を準備しておくと効果的。

★気付きは言葉だけでなく、動作、絵などさまざまな方法で表現する。

★生活科では思いや願いを実現する過程において生活上必要な習慣や技能を身に付ける。

※図鑑や読み物などの書籍類を準備しておけば、児童は「調べる」学習習慣を身に付けることができる。

※野冊で押し葉にした葉を用いると作品の色や形を長期保存できる。

野冊…台紙と新聞紙などを利用して作る植物採集用の道具。形を変えず持ち運べ標本づくりにも便利。

★次の活動（目的）を明示することで、課題への意欲が高まる。

音楽

T:「さて、ここで問題です。今みなさんが聴いた曲の歌詞には、何匹の動物が出てきたでしょうか？」
C:「えー、覚えていないよ！」
T:「じゃあ、今度はみんなで歌いながら確認してみましょうか？」
C:「うん、歌ってみる！」

　音楽の時間は、何のためにあるのだろうか。音程を合わせて大きな声で歌えるようになるためだろうか。それとも、楽器の演奏が上手になるためだろうか。一般に「音楽の時間」というと、音楽の演奏技術を向上させることが目的だと考える人が多いかもしれない。しかし音楽の時間では、児童が音楽を聴いたり、演奏したり、つくったりする中で、音楽に対する興味や関心をもち、その興味や関心にふさわしい表現をするために演奏技術を工夫するというように、児童の音楽への興味・関心と、演奏技術との両方が発達していくことが大切である。

1．授業の「ねらい」を焦点化する

　一つの音楽の授業の中で、児童がどのように育ってほしいのか、そのために何を重視するのか、すなわち「ねらい」を明らかにする必要がある。「ねらい」を設定するための前提として、「小学校学習指導要領」の音楽科の「目標」がある。音楽的な知識や技能を身につけ、音楽を聴いて考えたり表現を工夫したりする力を養い、主体的に学び音楽を楽しむ心や感性を培うことが、小学校音楽科の目標なのである。
　これらの目的を、どのように各授業の中で達成していくのかを考えながら、その授業の中で特に重視したい「ねらい」を絞り、教材を準備し、授業を計画する。

2．教材研究・児童研究

　音楽科の授業では、目標を具体的に示し、評価の観点と方法を明確にする必要がある。そのためには、綿密な教材研究が不可欠であろう。授業の目標を達成するために、どのような点を児童に伝えたいのかを、まずは教師自身が自覚することが大切である。
　たとえば歌唱教材であれば、リズムや音程、強弱記号と歌詞の意味内容との関わりについ

て伝えたい場合もあるだろう。鑑賞教材であれば、特徴的なリズムや強弱が、曲の雰囲気に影響していることを伝えたいこともあるかもしれない。器楽教材であれば、表現への思いをもち、演奏法を工夫してほしい場合もあるだろうし、音楽づくりの活動では、自分で考えた旋律を積極的に発表してほしい場合もあるだろう。

　そのうえで、児童に対する教師の「問いかけ方」を考えなくてはならない。教師が教えたい部分を、児童がイメージしやすい形で発問することが大切になるのである。

3．授業を展開するときに留意すること

　音楽科の授業では、一つの教材を繰り返し演奏したり、聴いたりすることが考えられる。しかし、漠然と繰り返しを行うことは、授業のマンネリ化につながる。児童にも「飽き」が生まれ、集中力が途切れてしまう。繰り返しの活動には変化をもたせつつ、その音楽的な目的や根拠を、教師は把握しておかなくてはならない。

　歌唱であれば、児童は、模唱、階名唱、歌詞唱などの他に、歌詞の内容に合わせて動作をしたり、音の高さを手で表したりしながら演奏を繰り返し、音楽的な技能を身に付けることができる。鑑賞であれば、児童がリズムに合わせて体を動かしたり、楽器を弾く真似をしたりしながら繰り返し聴くことで、音楽の構造や強弱などに気付くことが可能である。

小学校学習指導要領　第1　目標
　表現及び鑑賞の活動を通して，音楽的な見方・考え方を働かせ，生活や社会の中の音や音楽と豊かに関わる資質・能力を次のとおり育成することを目指す。
（1）　曲想と音楽の構造などとの関わりについて理解するとともに，表したい音楽表現をするために必要な技能を身に付けるようにする。
（2）　音楽表現を工夫することや，音楽を味わって聴くことができるようにする。
（3）　音楽活動の楽しさを体験することを通して，音楽を愛好する心情と音楽に対する感性を育むとともに，音楽に親しむ態度を養い，豊かな情操を培う。

第3学年　音楽　学習指導案

　　　　　　　　　　　　　　　　　　　　　指導者：○○　○○

1．日時　○年○月○日○校時
2．学年・組　3年○組（男子○人、女子○人、計○○人）
3．主題名：せんりつのとくちょうをかんじ、うたやえんそうを工夫しよう。
4．教材名：「ふじ山」「一人の手」
5．主題設定の理由
（1）ねらいとする価値観
　　歌唱教材においては、旋律の特徴と歌詞の内容とが密接に関わっていることが多い。本主題では、旋律と歌詞とがどのように関わっているのかについて考え、その関わりにふさわしい表現を行う能力を育むことを目的とする。
（2）児童の実態
　　歌詞や旋律の特徴と曲の雰囲気の関わりに興味を持つ児童も多い。本主題は、旋律の特徴と歌詞の内容との関わりを表現に反映する好機と考えられる。
（3）教材について
　　「ふじ山」は我が国で親しまれてきた、伝統的な唱歌である。富士山の高さを「日本一」と表現する歌詞と、旋律の音の高まりが共通する。「一人の手」は、単旋律によって構成され、リコーダーによっても演奏できる。旋律の音の高まりに、協力の大切さを表現する歌詞の盛り上がりが一致する。いずれの教材も、本主題の目標を達成するのに適していると考えられる。
6．評価規準
　ア【技】歌詞と旋律の関係等から、表現を工夫して演奏することができる（知識・技能）
　イ【思】範唱の聴取や楽譜から、歌詞と旋律の関係を考えている（思考・判断・表現）
　ウ【態】仲間とともに歌い、演奏する活動に積極的に参加している（主体的に学習に取り組む態度）
7．指導計画（6時間配当）

第1次	第1時	「一人の手」を階名唱、歌詞唱などで歌う。
	第2時	「一人の手」の旋律の上下動を把握し、リコーダーで演奏する。
第2次	第3時	「ふじ山」の歌詞の意味を把握し、階名唱、歌詞唱などで歌う。
	第4時（本時）	「ふじ山」の旋律の音の上下動を把握し、旋律と歌詞の内容の高まりとの一致に気付く。
第3次	第5時	「一人の手」のリコーダーと、「ふじ山」の歌唱にふさわしい表現を考え、グループで練習する。
	第6時	「一人の手」のリコーダーと、「ふじ山」の歌唱を発表する。

8．本時の指導
（1）目標
　　「ふじ山」の歌唱を通じ、旋律と歌詞の内容との関わりに気付く力を育てる。

注釈：
- ★授業者が、主題を通じて、児童のどんな力を育てたいのかを明確にする。
- ★児童の発達段階などを考慮し、児童がどのような力を得る機会になるのかを考える。
- ★この教材を用いることで、主題の目標がどのように達成されるのか、なぜこの教材が適しているのかを端的に書く。
- ★本時の到達点を簡潔に。
- ※「小学校学習指導要領」の文言を参照しつつ、どんな力を「育てる」のかを書く。
- ★ねらいを達成するための活動を書く。

(2) 展開

時間	主な発問と予想される子どもの反応	指導上の留意点と評価	
5	1．「ふじ山」を歌う。 ○まず先生が歌います。よく聴いて、前回歌ったことを思い出しましょう。	○教師が範唱し、子どもたちが歌う。 ウ【態】仲間とともに演奏する活動に積極的に参加している。(観察)	
5	2．歌詞の1番のみが入った「ふじ山」の楽譜を配布する。 ○音符を線でつなぎましょう。 ○5分でやってみましょう。	○音符を線でつなぎやすくするため、配布した楽譜の音符の上に点をつけておく。	★時間を決め、見通しが持てる発問をする。
10	3．線を手でなぞる動作をしながら、階名唱、歌詞唱で繰り返し歌う。 ○この線は何の形に似ていますか？ ・山だ！・富士山のように見えます。	○拡大楽譜を黒板に貼り、音符を線でつないでおく。 ○旋律の線をたどって、音の動きを視覚的に確認できるよう留意する。	★まずは旋律の音の高まりについて問う。
10	4．歌詞と旋律の関係を考える ○線の「山」の部分の歌詞は何？ ・「ふじはにっぽんいちのやま」です。 ○その部分はどう歌えばいいかな？ ・大きく歌えばいいと思います。 ○なぜ？ ・一番大事な歌詞だからです。 ・音も一番高くなるからです。	○いきなり旋律と歌詞の関係を問うのではなく、段階を追って徐々に児童の思考が深まるように、留意しながら問いかける。 イ【思】範唱や旋律、楽譜を知覚し、歌詞と旋律の関係について考えている。(観察)	★理由を問い、児童の思いや意図を確認。 ★評価の具体的な方法を書く。
10	5．「ふじ山」の1番を繰り返し歌う。 ○楽譜を見ずに歌ってみましょう。 ○山の形を手で表しながら歌いましょう。隣の人とどっちが高いかな？	ア【技】歌詞と旋律の関係から表現を工夫している。(演奏聴取) ○伴奏もクレッシェンドをするなど、児童の歌唱表現の工夫を促す。	★繰り返しには変化をつけて。 ★個々の児童の声を聴き分ける心づもりで、注意深く聴く。
5	6．本時の学習をふりかえり、次時の学習内容を知る。	○次時の学習内容を、端的に伝える。	

図画工作

1. 児童理解と図画工作科

教育実習は限られた期間であるが、児童一人一人にしっかりと関わりながら、日々の様子・表情・言動から児童の気持ちをできるだけ正確に把握し、まずは児童理解を進めていくことが肝要である。

児童との人間的なふれあいを通して、児童の思いや考えなどをまずは傾聴し、それぞれが持っている特性を丸ごと受け止め、共感的に接することが大切である。教師の受容的態度と共感的理解により、児童は心を開き、信頼をして、親しみを寄せる様子を

見せるようになる。そして、自分を素直に表現するようになってくる。このことは図画工作科の授業を展開する上で最も大切にしてきたことである。自信をなくしている児童の内面は図画工作の表現にも表れることがある。このような場合も、児童の思いを傾聴し、表現の中に見られるこだわりや工夫、心を込めたところをしっかり評価することが大切である。このような関わりが自己肯定感を育むことに繋がっていく。自己肯定感は、教師や仲間といった人間関係の中で実感できるものであろう。

図画工作科の授業は、児童が自分の考えを基に選択・決定し実行するという活動である。その一連の活動に対して、結果としての作品だけではなく、試行錯誤する過程に目を向けてプラスの評価をしていきたい。学級の中で個々の表現を尊重し合い、他者との違いを認め学び合う中で図画工作科の授業がつくられていく。

2. 図画工作科の指導計画

学校現場で図画工作科の指導計画を立てるとき、教科書・指導書に例示されたものや以前立てた指導計画をそのまま用いていることはないだろうか。指導計画は、学校教育目標を達成するために、児童や学校、地域の実態を基に総合的に組織したものとなる。年間計画作成上の留意点をあげてみたい。

①「小学校学習指導要領」に示されている目標や内容に照らして適切であること。学校教育目標と有機的に結び付いていること。
②児童の発達、興味関心、造形活動に関わる特性を考慮すること。

③表現と鑑賞、造形遊び、絵、立体、工作の時間数がバランスよく配分されていること。
④学習内容の組織、題材の配列は、発展的、系統的で児童の資質・能力を育むよう検討されていること。季節や行事等を考慮していること。
⑤学校全体の指導計画、他学年の指導計画、他教科等の指導計画との関連が配慮されていること。

3．図画工作科の授業づくり（題材設定とねらいの明確化）

題材設定においても、教科書題材や以前実施した題材、雑誌等で目に留まった題材をそのまま用いていることはないだろうか。もちろん、教科書題材は、よく考えられている。図画工作科の研究をしてみるとそれがよくわかるはずである。しかし、よく考えないまま授業を実施すると、児童は表現意欲がわかなかったり、途中で行き詰まったりして、達成感を味わえないことが起こる。教師は必ず試作をして、つまずきの予想などを把握することが必要である。指導案を立てるのは、試作の後にする。児童は、自分の表現したいことがはっきりすると、黙々と取り組むはずである。図画工作科の授業は導入が大きな鍵を握る。授業の導入をしっかりと考え、どの児童も表現意欲がわくような指導の工夫が求められる。

　先に述べたように、授業づくりは、児童の実態把握が最も重要である。実態から一つ一つの題材を通して、児童にどう育ってほしいのか、「ねらい」をはっきりさせて授業をつくっていく必要がある。望む子供像へ向かって設定する題材の意味、児童にとっての必然性について深く考えたいものである。この題材でどのような児童を育てようとしているのか、ねらいの明確化にこだわりたい。教師になって図画工作科を研究するときに題材開発の醍醐味が味わえるものだろう。教師の題材開発のセンスは、児童と共に歩み、児童の生活を肌で感じようとする構えと直結している。

第4学年　図画工作　学習指導案

指導者：○○　○○○

1．日　　時　　○年○月○日○校時
2．学年・組　　4年○組（男子○人、女子○人、計○○人）
3．題 材 名　　もう一人のわたし
4．題材について
○　題材観
　　本題材は、学習指導要領第3学年及び第4学年の「A表現」の「絵や立体工作に表す」を受けて設定した。自分の姿を段ボールの上に型取り、絵の具で着彩したり、布などを貼り付けたりして等身大のもう一人の自分をつくる。好きなことや得意なこと何なのかなど自分の思いを基にポーズを考え表現することで、今の自分を見つめ、他者に自分を知ってもらうことができる。本題材は、自分をのびのびと表現することを楽しむ活動にしたい。段ボールの上で形を工夫してポーズをとり、友だちに写し取ってもらう活動を通して、友だちと関わり合い、表現意欲を高めていくことができる。絵の具で着彩したり、布などを貼り付けたりしながら、さらに自分のイメージを膨らませ、自分なりの表現を深めていくことができる。段ボールカッターの使い方や絵の具の着彩のし方、材料に合った接着のし方などを考えながら創造的な技能を高めていくことができる。

○　児童観
　　（本題材に関わる児童の先行経験や児童の実態を書きます。児童の実態は評価の観点を基にして書くとよく分かります。）

○　指導観
　　指導に当たっては、今の自分を見つめて、好きなこと、何をがんばっているかなど、10歳になる自分を考える時間を設ける。みんなに紹介したい自分とは、どんな自分なのか、イメージを膨らませるようにしたい。二人組やグループで友だちの特長を話し合う時間を設け、等身大のもう一人の自分のイメージをはっきりさせながら、ポーズを考えるようにしていきたい。

　　段ボールに自分の型を取るときには二人組になり、型を試したり、感想を伝え合ったりし、関わって活動できるようにする。型が写し取れたら、顔や髪を鏡で見てある程度かいておくようにする。絵の具の着彩は、余った段ボールに発色を試しながら行うようにする。布や毛糸等を貼るときには素材に合った接着方法を考えるようにしたい。

　　展示は教室や廊下の壁面などにみんなで配置を考えながら行う。鑑賞の時間は、自分でもう一人の自分を紹介したり、級友からのインタビューに答えたりして楽しく交流できるようにし、お互いのよさを確認できるようにしたい。

5．題材の目標
　　紹介したい自分を考えて、段ボールに形を写し取り、形や色、表現の仕方を工夫しながら、等身大の自分をつくり、よさや面白さを感じ取る。

★本題材の意味、望む子供像（この題材でどのような児童を育てようようとしているのか）、授業者の願いを記述する。

・本題材のねらい
・題材設定の理由
・本題材で高める資質・能力
・本題材で扱う材料や用具

★指導内容に関する興味・関心、定着状況、学習活動の経験や志向、課題などを記述する。

★本題材のねらいを達成するための指導の工夫を具体的に記述する。

・児童の思いに寄り添うように。
・児童観で記述した児童の実態や課題に対して、どの活動場面で、どのような手立てを行うか具体的に記述する。
・児童のつまずきを細かいところまで想定し、具体的な支援を記述する。
・つまずきの想定には、教師の試作が不可欠である。

★本題材で育成する資質や能力について網羅し、一文で記述する。

第5章　授業をつくる

6．指導計画（合計6時間）
　　第一次　紹介したい自分を考えて、段ボールに形を写し取る。（2時間）
　　第二次　形や色、表現の仕方を工夫し、もう一人の自分をつくる。（3時間）
　　　　　　　　　　　　　　　　　　　　　　　（本時1／3時間目）
　　第三次　作品鑑賞（1時間）
7．準備物
　指導者：ワークシート、段ボール、段ボールカッター、鏡、接着剤など
　児　童：鉛筆、絵の具道具一式、布、毛糸など（布、毛糸などは日頃から
　　　　　集めておく）
8．本時の目標
　　どのような自分を表現したいのか、絵の具で色を着ける、布を貼るなど
　表現の仕方を工夫し、もう一人の自分をつくる。
9．本時の展開

時間	主な発問と予想される子どもの反応	指導上の留意点と評価
5	1．切り取った段ボールの型を見て、どのように表現するか見通しを持つ。 ○「どのような自分を表現したいのか、表現の仕方を工夫し、もう一人の自分をつくろう」 ・どのような自分を表現したいのか、もう一度ワークシートを見て、確認する。	○自分のどんな様子、どんな感じを表現したいのか考えるようにする。
30	2．段ボールの型に着彩したり、布などを貼ったりしてつくる。 ○「絵の具で色を着ける、布などを貼るなどの方法を考えよう」 ・どこをどのように表現するか考えている。 ・接着の仕方を考えている。	○絵の具の使い方や接着の方法を確認する。 ○絵の具は、余った段ボールに発色を試してかくようにする。 ○表現したい自分を工夫している様子を受け止め共感する。
10	3．本時の学修の振り返りをする。 4．片付けをする。 ○「みんなで協力して片づけよう」	○児童の言葉でまとめる。 ○作品を移動する。 ○使った、道具、材料を片付ける。

※欄外注記
・集めた材料は、適宜紹介し、材料置き場に仕分けしておく。
★本時の目標は評価規準と対応している。
★図画工作科の授業は導入が大きな鍵を握っている。
★導入は、短く、板書も工夫して分かりやすく。
★本時の見通しが持てるようにする。何をしたいのかはっきりすれば、児童は主体的に活動する。
★本時の目標を児童に分かる言葉で示す。

まとめの例
・つくっていると自分の分身みたいで楽しくできました。
・○○さんが布や毛糸を貼り付けて工夫しているのがすごいと思いました。

家庭科

「一人暮らしを始める時は、小学校家庭科の教科書さえあれば大丈夫！」といわれる。
小学校家庭科は、生活の自立の力の基礎を培う教科である。
家庭科では、家族や家庭、衣食住、消費や環境などの基礎的な知識・技能に加えて、日常生活の中の問題について様々な解決方法を考えて実践し、それを評価・改善しながら課題を解決して、家族や地域の人々の生活をよりよくすることをめざしている。

1．家庭科の学び

便利な家電を使う、できあがった料理を買うなど、日本の現代社会の中では日々の生活活動を工夫してよりよくしようとする意識や余裕をもちにくいために、日々の生活を自らが創り出す中で生まれる生活の喜びを実感できないままに過ごしがちである。

食卓に出された料理を食べる、準備された衣服を着るといった受け身になりがちな児童に、家庭科では、生活の営みを見つめ、考えさせ、自らの力で生活の中の課題解決を図るように促すことが重要である。

家庭科では、次のような学びの過程を経て、児童に生活の自立の基礎を培う。

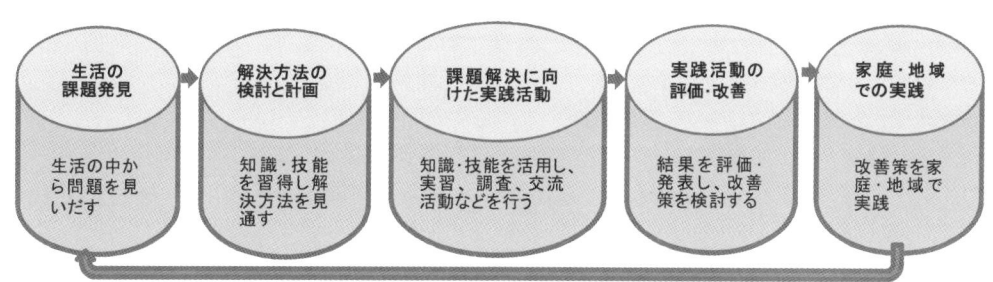

家庭科の学習過程のイメージ[7]

2．児童の生活体験把握とプライバシーへの配慮

児童一人一人の生活体験は大きな差がある。題材（≒単元……家庭科では「題材」が的確）

7）中央教育審議会教育課程部会「各教科等別ワーキンググループ等の議論の取りまとめについて（案）」内、「家庭、技術・家庭科ワーキング・グループ等における取りまとめ概要（案）」（http://www.mext.go.jp/b_menu/shingi/chukyo/chukyo3/004/siryo/__icsFiles/afieldfile/2016/07/29/1374814_6_4.pdf、2019/3/6閲覧）を参考に著者作成。

に関する児童の生活体験をアンケートや挙手などで把握し、それに応じた指導をしないと、児童にとって教材が簡単過ぎたり難し過ぎて学習意欲が著しく低下してしまう。

　家庭科では、授業前の生活体験の把握時はもとより、授業中や、授業後の児童の生活実践への発展時に、一人一人の児童のプライバシーへの配慮が特に必要である。「食」で給食を、「住」で教室などの学校環境を、「家族と家庭生活」でアニメの家族や教師の生活などを授業の共通教材として取り上げるなどがプライバシーへの配慮の一例である。

3．家庭科の指導
1）体験できる実物教材の準備

　実習授業では、児童が手順を理解したりその根拠を考えたりするためには、立体的なできあがり標本・段階標本など、立体的な実物教材を準備し指導することが特に重要である。
2）児童による演示の効果
　家庭科の授業では、学習活動に当たっては、トライする意欲のある児童に演示させることが、教師の説明や演示よりも大変効果的である。児童の演示は、他の児童の学習意欲を高めるとともに、教師の予想を超えたつまずきを把握することもできるので即時に対応した指導が可能になる。

小学校学習指導要領　第2　各学年の内容／第3　指導計画の作成と内容の取扱い　2

小学校家庭の内容一覧

A　家族・家庭生活
（1）自分の成長と家族・家庭生活
（2）家庭生活と仕事
（3）家族や地域の人々との関わり
（4）家族・家庭生活についての課題と実践

C　消費生活・環境
（1）物や金銭の使い方と買物
（2）環境に配慮した生活

B　衣食住の生活
（1）食事の役割
（2）調理の基礎
（3）栄養を考えた食事
（4）衣服の着用と手入れ
（5）生活を豊かにするための布を用いた製作
（6）快適な住まい方

内容の取扱いと指導上の配慮事項
（1）指導に当たっては，衣食住など生活の中の様々な言葉を実感を伴って理解する学習活動や，自分の生活における課題を解決するために言葉や図表などを用いて生活をよくする方法を考えたり，説明したりするなどの学習活動の充実を図ること。
（2）指導に当たっては，コンピュータや情報通信ネットワークを積極的に活用して，実習等における情報の収集・整理や，実践結果の発表などを行うことができるように工夫すること。
（3）生活の自立の基礎を培う基礎的・基本的な知識及び技能を習得するために，調理や製作等の手順の根拠について考えたり，実践する喜びを味わったりするなどの実践的・体験的な活動を充実

すること。
（4）学習内容の定着を図り，一人一人の個性を生かし伸ばすよう，児童の特性や生活体験などを把握し，技能の習得状況に応じた少人数指導や教材・教具の工夫など個に応じた指導の充実に努めること。
（5）家庭や地域との連携を図り，児童が身に付けた知識及び技能などを日常生活に活用できるよう配慮すること。

(著者一部要約および変更)

　　　　　　　　第6学年　家庭科　学習指導案

　　　　　　　　　　　　　　　　　　　　指導者：○○　○○○

1．日　　時　　○年○月○日○校時
2．学年・組　　6年○組（男子○人、女子○人、計○○人）
3．題 材 名　　くふうしたふくろを作ろう
4．題材設定の理由
（1）教材観
　　本題材は、小学校学習指導要領　家庭編「B衣食住の生活」「（5）生活を豊かにするための布を用いた製作」の「イ　生活を豊かにするための布を用いた物の製作計画及び製作の工夫」に基づいて設定した。
　　第5学年の手縫い・ミシン縫いの知識・技能の学習をふまえて、児童が入れたい物と使い方に合わせて工夫した袋を製作する中で、作る喜びや、日常生活で活用する楽しさや手作りのよさを味わうことができる。
（2）児童観
　　日常生活で児童はさまざまな場面で袋を使っているが、多くの児童は自分で購入や製作した経験がないために袋への関心が低い。
（3）指導観
　　目的に合った袋を児童が製作できるように目的に合わない袋の例を示し、また、作業の意味や手順の根拠を児童が考えることができるような見本を準備し、さらに、日常生活で活用できる袋に仕上げるための丈夫な縫い方がわかるように丈夫に縫った標本と丈夫でない縫い方の標本を比較させる。
5．指導と評価の計画（全10時間）

小題材名	時数	学習活動	主な評価規準
作りたいふくろの計画	2（本時1/2）	・自分の目的に合ったゆとりあるふくろの形・作る手順を考え計画を立てる。	・目的に合ったゆとりあるふくろ作りの計画ができた。
ふくろ作り	7	・計画にそってふくろを作る。	・じょうぶにぬうことができた。
ふくろの発表会	1	・自分がくふうしたところを発表する。	・くふうを伝えることができた。

※『小学校学習指導要領解説』の該当部分を確認する。
※家庭科の内容の指導順序や題材は児童や地域の実態により異なるので、既習内容との関連を書くことも欠かせない。
※題材に入る前に把握した児童の生活体験、関心、意欲など、題材に関する児童の実態を書く。
※指導観は、教材観と児童観を踏まえ、教師の指導方針、具体的な指導の工夫を書く。
★実習授業では、教師の手順の説明に従った児童の機械的な作業に陥らないように、1時間の授業の中で「児童が考える場面を必ず設定する」のが特に重要である。自ら考えて実習取り組むことによってはじめて、児童それぞれの生活実践へと発展できる。
※本題材では、日常生活で十分に活用できるように、児童が自分で作る袋の大きさを決めさせる。

6．時の指導
（1）目標
　・ふくろに入れたい物と使い方を考え、ゆとりの必要ゆとりを加えたふくろの大きさ、ひもの長さを決めることができる。
（2）展開

時間	学習活動	指導上の留意事項（◇） 「努力を要する」状況と判断した児童への指導の手立て（◆）	評価規準 [観点] （評価方法）
3分	1 宿題確認	「入れたい物の縦横厚みを測ってくる」	
3分	2 本時のめあて確認	作りたいふくろの形を決めよう	
7分	3 ゆとりの必要性を理解する。	◇「袋の大きさは入れたい物と同じ大きさでよいのだろうか？」と発問し、袋の見本に物を出し入れすることでゆとりの必要性を実感させる。	
25分	4 ふくろの大きさ、ひもの長さを決める。	◇自分の入れたい物の大きさにゆとりを加えて袋の大きさを決めさせる。 ◆大きさの異なる袋見本を参考にして袋の大きさを決めるように助言する。 ◇肩にかけるか、手でさげて使うかを考えて長さを決めさせる。	目的に合ったゆとりある袋の大きさ・ひもの長さを決めたか [理解・技能] （記録表）
7分	5 本時のまとめと次時の確認	◇袋づくりの計画表に作りたい袋の絵、ゆとりを加えた袋の大きさ、ひもの長さを記録する。 ◇次時は袋の型紙を作ることを確認する。 ◇次時の持参物を確認する。	

★『小学校学習指導要領解説』の指導方法事例をよく読んで、適切な方法を検討し選択する。「……ゆとりの分量を考えたりする必要があることが分かり、その見積もり方を理解できるようにする。例えば、不織布などを使って考えたり、必要な寸法を図ったり、又は既にある物を観察したりするなどの方法が考えられる。」をもとに決定。

※ゆとりの必要性を理解させるために袋の見本と中に入れる物の準備。

※児童の作りたい袋を想定して、袋見本を準備しておくことが大切。

※肩にかける袋と手さげ袋の見本の準備。

※製作題材では、児童が毎時間のまとめの時間に、自らの学びを振り返ることができるような記録表を書かせて児童の学びの過程を把握するとともに、教師の個別指導に生かす。

体育科

1．体育科の授業

　子どもたちに運動の楽しさを味わわせながら運動好きに育て、生涯にわたって心身の健康を保持増進し豊かなスポーツライフを実現していくために、学校教育において意図的・計画的な体育学習の指導を展開する。指導の目標・内容は運動技能の習得や体力づくりだけではない。学校教育のねらいである知識・技能、思考力・判断力・表現力等、学びに向かう力、人間性等の資質・能力の育成を体育科ではどのよう具体化していくか。その指導の在り方を追究し、子どもたちが楽しく運動しながら指導のねらいにせまっていくことができる体育科の授業づくりを考えなければならない。

　「知識・技能」として各種運動の特性に応じた行い方を理解し、基本的な動きや技能を身に付けること、「思考力、判断力、表現力等」として、身に付けた知識・技能を活用し、思考力・判断力を活かしながら自己課題をもって知識・技能を広げたり深めたりすること、そしてそれを仲間や先生など他の人に伝えることを身に付ける。それらができるようになるためには、子どもたち一人一人が主体的・意欲的に学ぼうとする意思や、他者と関わり合いながら協働的に学ぶ姿勢や豊かなコミュニケーション能力が問われ、「学びに向かう力、人間性等」を培うことが求められる。

　体育科授業には、教育活動全体を通して指導すべき目標・内容とともに、教科独自の目標があり教えるべき内容がある。それを「小学校学習指導要領」から読み取り、子どもたちの実態を踏まえながら教師の教育観や指導力を発揮して子どもの主体的・対話的で深い学びを引き出していくことが求められている。授業は「児童」「教材」「教師」の相互関連の元に成立することを念頭に、それぞれの要点を以下に示す。

2．教材づくり

　指導内容を形にして具体化するために学習の素材を取り上げ、その素材に対して簡素化・焦点化・ゲーム化・組み替え・集団化などの手立てを加えて教材にする。教材づくりにおいて次の2点に留意する必要がある。

　① 指導の目標と内容の一体化が図られていること。
　② 子どもの実態（学年段階や既習事項）に応じた内容であること。

第5章　授業をつくる

3．授業を展開するときに留意すること

　児童一人一人が自己課題をもって、それを解決していく主体的な学習になるか否かは、授業における教師の働きかけにかかっている。教師が児童に課題を与え、指示・説明をして練習を繰り返す体育授業のイメージは払しょくしなければならない。教師が教えたいと思うことを児童自身が学びたいと思えるようにし、児童一人一人の主体的な学習を引き出していくために以下の教師活動が重要となる。

① 　学習過程：できることから始めて、まだできないことへの課題意識を掘り起こし、挑戦していく意欲を高める学習へ発展させていく。友達のやり方を見たり、できないことができるようになるためのポイントや練習のしかたを見つけ出したりする場面を学習過程に組み込んでいく。それが授業のヤマ場ということになる。

② 　教師の言葉かけ：指示・説明だけではなく、助言や評価の言葉かけ、場づくりなどの教師活動が重要である。指示・説明は不可欠であるが、必要最小限度にすべきである。一方、「評価の言葉かけ」はできるだけたくさん発することが望まれる。

③ 　場づくり：楽しく安全に活動することが出来るとともに、指導の目標・内容を追求し、意欲付けを図ったり、課題解決に効果的な活動を進めるために場づくりが重要なカギを握っている。器具・用具等の工夫と配置（学習の場のディスプレイ）や効果音（BGM）の活用などは場づくりに連動した教師活動といえよう。

④ 　児童相互の関わり合い：関わり合いをどのように引き出すか、また、より良い関わり合いをどのように育てていくかが課題となる。独り学習、ペア、グループ、学級集団全体といった学習形態のダイナミックな使い分けが必須。

　その他に、教師のマネジメント活動として、指示・説明の隊形、声の大きさ・抑揚、表情、ホイッスル等の活用のしかた、板書、資料、教育機器、情報通信技術（ICT）の活用などが授業を左右するカギになる。

小学校学習指導要領　第1　目標

　体育や保健の見方・考え方を働かせ，課題を見付け，その解決に向けた学習過程を通して，心と体を一体として捉え，生涯にわたって心身の健康を保持増進し豊かなスポーツライフを実現するための資質・能力を次のとおり育成することを目指す。

(1) その特性に応じた各種の運動の行い方及び身近な生活における健康・安全について理解するとともに，基本的な動きや技能を身に付けるようにする。

(2) 運動や健康についての自己の課題を見付け，その解決に向けて思考し判断するとともに，他者に伝える力を養う。

(3) 運動に親しむとともに健康の保持増進と体力の向上を目指し，楽しく明るい生活を営む態度を養う。

第3学年　体育科　学習指導案

指導者：○○○○

1．日　時　　○月○日（曜日）第○時限
2．3年○組○名（男子○、女子○）
3．単元名　　マット運動
4．場　所　　体育館
5．授業の構想について
（1）運動の特性
　　マット運動は回転系（前転・後転・側方倒立回転など）や技巧系（壁倒立・頭倒立など）の基本的な技を身に付けたり、新しい技に挑戦したりすることにより運動の楽しさや、自己の課題を持って取り組み、それを達成する喜びを味わうことができる。
（2）児童の実態
　　1・2学年でマットに背中や腹などをつけていろいろな方向に転がったり、手や背中で支えて逆立ちをしたり、体を反らせたりする動きを身に付けている。ブリッジなどの段階的な練習の仕方を工夫し、積極的に取り組んでおり、……
（3）授業づくりの考え方と手立て
　　みんなで技のポイントを明らかにしながら、各自の能力に応じた課題を見付け、それに応じた課題の解決の仕方を考えたり、練習の場や段階を工夫したりする学習を引き出す。マット運動が苦手な児童や意欲的でない児童に対しては、1・2学年で学習した運動遊びをくり返したり、易しい場で自己の課題に取り組んだり……
（4）単元目標
　　○　回転系（前転、後転、開脚前転、開脚後転、補助倒立ブリッジ）、技巧系（壁倒立）の行い方を知るとともに、各自の能力に適した技を身に付ける。
　　○　自己の能力に適した課題を見付け、技ができるようになるための活動を工夫するとともに、考えたことを友達に伝えることができる。
　　○　マット運動に進んで取り組み、きまりを守り誰とでも仲よく運動したり、友達の考えを認めたり、場や器械・器具の安全に気をつけたりすることができる。
（5）評価規準　（略）
（6）単元計画（2年間の指導と評価の計画）

学年	第3学年				第4学年		
学習の段階	回転系の基本的な技　　　　技の繰り返し				巧技系の技　　　技の組み合わせ		
時間	1	2（本時）	3	4	10	11	12
内容学習過程（概要）	マット遊び　前転がり⇒前転	大きな前転　技のポイントをつかむ	大きな前転　開脚前転　後転に挑戦		壁倒立　頭倒立　側方倒立回転を入れた技の組み合わせ		マット運動発表会
評価	知・技	評価規準①	①　観察	②　観察				③　観察
	思・判・表		評価規準②			③カード	②　カード	
	主体的学び	評価規準①		②　観察		①　観察		

第5章　授業をつくる

（1）児童の立場でどのような楽しみがあるか、達成型・競争型・模倣型に分類される機能的特性や、運動の成り立ち・構造を示す構造的特性が考えられる。

（2）これまでにどのような学習をして、どのような力がついているかを明らかにしておく。この点は、系統的指導を重視する上からも指導案に必須の内容。

（3）教師の指導観が具体的に示される。

（4）指導すべき3つの資質・能力の観点から本単元を通して身に付けることを明らかにする。

（5）単元目標の達成状況を判断するためのよりどころとなる。育成すべき3つの資質・能力の観点で評価する。評価がCの場合はBを目指して、さらなる指導が求められる。P-D-C-Aの指導のサイクルが重要。

（6）3・4学年を通した単元の見通しをもって本時の位置付けをはっきりさせる。

63

6．本時の指導
（1）目標
① 腕支持をしながら腰を高くし、足をのばして大きく回転する前転の行い方を知り、大きな前転ができるようにする。
② 互いの技を見合いながら大きな前転のポイントを明らかにし、自己課題を明確にして取り組むことができるようにする。

> 本時目標は、必ずしも3観点から取り上げる必要はない。本時は知識・技能と思考力・判断力・表現力等に焦点化している。

（2）学習過程

学習活動	指導の意図と手立て	評価規準
1．学習内容の把握と準備　　　　　大きな前転ができるようになろう。① 準備運動② 補強運動③ マット等の準備④ 既習の技の習熟	・マット運動に必要な準備運動の内容を確かめながら行う・1．2年で既習の基本的な動きや各自の課題に応じた技の習熟を図る。	示範・観察の場面では、観察視点の絞り込み、問いかけ、課題の集約などの教師活動が重要。
2．大きな前転に挑戦① 前転がり⇒前転に挑戦② 大きな前転のイメージをつかむ3．自己課題を明確にする① 前転の行い方を観察② 技のポイントを確認③ 課題解決の仕方を確認4．課題の追求と相互評価① 各自の課題を追求② グループで相互評価5．本時のまとめ① 各自の技を発表（グループ）② 代表者が発表（全体）③ 大きな前転のポイントを確認する。④ 次時の学習予定⑤ 整理運動、片づけ	・大きな前転ができている児童が示範し、学級の全員で観察する場面を設ける。・次の動作に観察の焦点を置き、問いかけを介した子どもたちの話し合いを通して、前転のポイントを明らかにし、各自の課題を明確にする。　➤腕支持の姿勢　➤腰を高く、足を伸ばした大きな回転　➤足をおなかに引き付けるタイミング・練習の仕方や場づくりについて説明し、場の意味の理解を図る。・見てほしいところを伝えてから試技することとし、グループ内で前転を発表し合い、言葉で相互に評価し合う場面を設ける。・各グループで相互に選んだ代表が全体の場で大きな前転を発表する場面で、選んだ理由を問い、技のポイントを確認しながら次時の課題を見通せるようにする。	【思考力・判断力・表現力等】・技のポイントを見付けている。・友達の示範を見て気付きを発言している。【知識・技能】・遠目に着手して体を支えることができる。・腰を高く、足を伸ばして回転することができる。・タイミングよく足を振込み起き上がることができる。児童の動きや言葉から発見的に技のポイントの認識を図る。

外国語活動・外国語

T：「世界にはいろんな国や文化がありますね。一人一人みんな違うけど、同じ人間として大切にされないといけないね。どうしたらお互いを大切にできるかな？」
C：「まずはお互いを理解しようとすることが大切だと思います。」
T：「そうですね。お互いを理解するという点で、外国語を学ぶことはとても大切なことだと言えます。外国語の授業を通して、より広い視野と心をもった人間になりましょう。」

1．授業の「ねらい」を焦点化する

　平成29年3月告示の「小学校学習指導要領」では、「外国語活動」を中学年が学ぶことになり、高学年には「外国語」が教科として新設された。「外国語活動」では「聞く」「話す」という音声を中心とした活動が主であったが、外国語科ではこれに加えて、「読む」「書く」技能の習得が目標とされている。今後は高学年になると「今ここにはいない他者の考えを理解する」「今ここにはいない他者に伝える」活動が本格的に始まることになる。また、これまで音声で慣れ親しんできた表現を読んだり書いたりすることで、学習内容のより一層の定着を図るという目的を達成することになる。

2．教材研究・子ども研究

　実際の授業にあたっては、「小学校学習指導要領」を理解した上での授業デザインは勿論のこと、使用する教材の理解（単元観、教材観）や児童の理解（児童観）に基づく指導方針（指導観）の設定が必要となる。
　児童の指導においては、「小学校学習指導要領＞指導内容の精選＞年間指導計画＞単元の指導計画＞本時の計画」といった流れにしたがって指導内容の具体化をはかり、これと教材を関連させて1時間の授業を実施する。その際忘れてはならないのは、1時間の授業であっても、必ず到達すべき目標があり、ひいては1年間（ないしはそれ以上）の期間にわたって到達目標が展開しているという点である。1時間の活動を組むにしても、聞く→話す、読む→書く、という「理解から産出へ」という流れは忘れてはならない。また歌、チャンツ、ゲームなどの楽しい活動を繰り返しながら、外国語に対する慣れ親しみ、知識及び技能を高めるとともに、出口としては外国語における「知識及び技能」「思考力、判断力、表現力等」「学びに向かう力、人間性等」を育む指導を目指さなければならない。「児童が喜ぶから」「指導

第5章　授業をつくる

65

者が楽だから」という理由ではなく、「外国語を通じての自己表現、他者理解」を実現するための手段として指導計画を立てることが肝心である。

3．授業を展開するときに留意すること
　授業においては、以下の点に留意しよう。
　　◇学級担任として授業する際には、望ましい英語（および英語学習者）のモデルを提供できるよう、事前に入念な準備をしておくこと。ここでの準備とは、単に指導計画の作成、教材教具の準備だけではなく、実際に自分がどう語るか、また児童からどういう反応を引き出すのかという、具体的な状況・場面を意識したイメージ化を意味する。
　　◇クラスルーム・イングリッシュは正しい英語を用い、メリハリのある発話を心がける。
　　◇児童の英語発話時における誤りは、規則として明示的に訂正するのではなく、教員が正しく言い換えてやること（recast）によって、児童に「気づかせる」ようにする。
　　◇外国語の授業では教師による一方的な長い説明は不要である。教師は、分かりやすい短文を用いステップに分けて指示する、ジェスチャーを用いて具体的な動作の指示をする、児童をモデルにして活動を説明する等、児童の発達に応じた指示、説明を行うこと。
　　◇机間指導は児童の理解度、習熟度を把握する絶好の機会である。言語活動の最中は児童の様子を見ながら、次に行う活動の軌道修正をしたり、次回の授業への参考とすること。
　　◇授業では児童の自尊感情や知的好奇心を大切にする。児童を一個の人格をもった存在として認め、外国語を通じて自分を理解してもらう、また他者を認めるという姿勢を育むことは大切である。また、特に高学年になると「外国語をやらされている」という意識をもつ児童も増えてくる。児童の興味・関心を平素から把握しておき、「外国語を使って理解する、表現する」ことの楽しさを味わえる授業を計画しよう。
　　◇自分の授業は必ず振り返る。分析の視点としては、1）教師と児童の発話量、2）言語の使用場面と言語の働きを意識した言語活動の有無、3）教師の指示の明瞭さ・適切さ、4）授業のねらいの到達度、5）児童の自律性・児童間のつながり・児童の有能感等の高まり、等が挙げられる。自分の授業をビデオで録画し、教師の言語的行動（発話内容やその言い方）・非言語的行動（表情、体の動き、立ち位置等）を見直すのも有益である。

小学校学習指導要領　第1　目標

外国語活動

　外国語によるコミュニケーションにおける見方・考え方を働かせ，外国語による聞くこと，話すことの言語活動を通して，コミュニケーションを図る素地となる資質・能力を次のとおり育成することを目指す。
(1) 外国語を通して，言語や文化について体験的に理解を深め，日本語と外国語との音声の違い等に気付くとともに，外国語の音声や基本的な表現に慣れ親しむようにする。
(2) 身近で簡単な事柄について，外国語で聞いたり話したりして自分の考えや気持ちなどを伝え合う力の素地を養う。
(3) 外国語を通して，言語やその背景にある文化に対する理解を深め，相手に配慮しながら，主体的に外国語を用いてコミュニケーションを図ろうとする態度を養う。

外国語

　外国語によるコミュニケーションにおける見方・考え方を働かせ，外国語による聞くこと，読むこと，話すこと，書くことの言語活動を通して，コミュニケーションを図る基礎となる資質・能力を次のとおり育成することを目指す。
(1) 外国語の音声や文字，語彙，表現，文構造，言語の働きなどについて，日本語と外国語との違いに気付き，これらの知識を理解するとともに，読むこと，書くことに慣れ親しみ，聞くこと，読むこと，話すこと，書くことによる実際のコミュニケーションにおいて活用できる基礎的な技能を身に付けるようにする。
(2) コミュニケーションを行う目的や場面，状況などに応じて，身近で簡単な事柄について，聞いたり話したりするとともに，音声で十分に慣れ親しんだ外国語の語彙や基本的な表現を推測しながら読んだり，語順を意識しながら書いたりして，自分の考えや気持ちなどを伝え合うことができる基礎的な力を養う。
(3) 外国語の背景にある文化に対する理解を深め，他者に配慮しながら，主体的に外国語を用いてコミュニケーションを図ろうとする態度を養う。

第5章　授業をつくる

　　　　　　　　第4学年　外国語活動　学習指導案
　　　　　　　　　　　　　　　　　　　　　　指導者：○○　○○
1．日　　　時　　○年○月○日（○）○校時（○：○〜○：○）
2．学年・組　　　4年○組（男子○名、女子○名、計○名）
3．教　　　室　　4年○組教室
4．単 元 名　　Let's Try! 2　Unit 6　Alphabet
5．指導観

＊ティーム・ティーチングの指導者は、HRT：○○、ALT（またはJTE）：○○のように書く。

（1） 単元観（教材観）
　本題材は、アルファベットの小文字とその読み方に慣れ親しませることを目的としている。英語で書かれた身の回りの看板や掲示を使って（略）。
（2） 児童観
　本学級の児童は、外国語活動の授業が大好きで学習意欲も高い。3年生の2学期からアルファベットの大文字に慣れ親しんでおり、小文字にも興味をもっている児童が多い。
（3） 指導観
　本単元の指導に当たっては、第1時では（略）する。第2時では（略）。（中略）。小文字でつまずく児童が多いと言われているので、苦手意識をもたせないように児童の反応に十分配慮して指導する。

6．単元の目標
・身の回りには活字体の文字で表されているものがあることに気付き、活字体の小文字とその読み方に慣れ親しむ。（知識及び技能）
・身の回りにあるアルファベットの文字クイズを出したり答えたりする。（思考力、判断力、表現力等）
・相手に配慮しながら、アルファベットの文字について伝え合おうとする。（学びに向かう力、人間性等）

7．言語材料
〇表現（児童の発話）
　Look. What's this? Hint, please. How many letters? I have (six). Do you have (a 'b')? Yes, I do. / No, I don't. That's right. Sorry. Try again.
〇語彙（児童が使う語彙）
　小文字（a-z）, letter, try, again, bookstore, juice, news, school, station, taxi, telephone

8　該当する学習指導要領における領域別目標

聞くこと	ウ　文字の読み方が発音されるのを聞いた際に、どの文字であるかが分かるようにする。
話すこと[やり取り]	ウ　サポートを受けて、自分や相手のこと及び身の回りのものに関する事柄について、簡単な語句や基本的な表現を用いて質問をしたり質問に答えたりするようにする。

9　単元の評価規準
・小文字の読み方が発音されるのを聞いた際に、どの文字であるかが分かる。（聞くこと）
・先生や友達のサポートを受けて、自分や相手のこと及び身の回りのものに関する事柄について、簡単な語句や基本的な表現を用いて質問をしたり質問に答えたりしている。（話すこと［やり取り］）

10　単元指導計画（全4時間、本時：1時）（省略）
11　本時の指導案
〇本時の目標
・身の回りには活字体の文字で表されているものがたくさんあることに気付き、活字体の小文字とその読み方に慣れ親しむ。
〇準備物　デジタル教材、テキスト、アルファベット一覧表、（略）

★単元観は、単元や教材の内容や価値等を書く。

★児童観は、児童の実態、これまでの学習経験、指導において伸ばすべき力を書く。

★指導観は、具体的な指導の方針を書く。

★単元の目標は、育成を目指す3つの柱に沿って書く。

＊〇語彙の後に、［既出］として、既出の語彙・表現を書き加えてもよい。

★学習指導要領の中から、本単元に該当する領域別目標を記載する。

★観点ごとに、指導者が授業の中で求める児童の具体的な姿（目標が達成された姿）を書く。

○本時の展開（1/4時間）

授業過程 （時間配分）	児童の活動	指導者の活動と英語使用例 ◎評価＜方法＞
挨拶 （2分）	・挨拶をする。 S: Good morning, Ms. 〜 . I'm fine, thank you.	・挨拶をする。 T: Good morning, class. How are you today? ... What's the date today?
ウォーム・アップ （3分）	・ABC Songを歌う。	・一覧表の大文字を指さしながら一緒に歌う。（復習を兼ねる）
本時の目標の確認 （2分）	・本時の目標を確認する。 　身の回りには活字体の文字で表されているものがたくさんあることを知ろう。	・本時の目標を板書する。
導入 （5分）	○これは何かな。 ・指導者の質問に答える。 ・大文字の読み方を思い出して言う。	・指導者は身の回りにある大文字で表示されたロゴやその写真を見せ、それらが何かを尋ねる。 ◎身の回りには活字体の文字で表されているものがたくさんあることに気付いている。＜行動観察・振り返りカード分析＞
展開① （10分）	○どこにあるかな。 ・教材の22-23ページからさまざまな文字を見つけて発表する。	・誌面の文字の名称を言い、どこにあるか探させる。 T: Where is "c" in the picture?
展開② （10分）	【Let's Watch and Think】 ・身の回りにある看板や表示を見て、アルファベットの小文字を知る。	・映像資料を視聴させ、音声と一緒に文字の読み方（名称）を言うよう促す。 T: Let's repeat after the video.
展開③ （3分）	【Let's Sing】 ABC Song	・児童と一緒に歌う。
展開④ （3分）	○ポインティング・ゲーム	・誌面の小文字を使って行う。
振り返り （5分）	・振り返りカードに記入。	・振り返りカードに記入させる。
挨拶（2分）	S: Thank you, Ms. 〜 .	T: That's all for today. Thank you.

★授業過程は通常、挨拶→ウォーム・アップ→本時の目標の確認→復習→導入→展開→発展→振り返り→挨拶の順となる。

★楽しく英語を聞いたり話したりする準備活動として歌やゲームを活用する。

★めあてを□の中に書く。

★評価方法が振り返りカード点検・分析となっている事項は、必ず振り返りカードに質問項目として入れる。その際、質問や回答の選択肢は児童にとってわかりやすい表現を用いる。自由記述で答えさせる場合もある。

【参考】文科省作成指導案

第5章　授業をつくる

道徳

T:「今みんなで読んだサトシ君のお話と同じように、『親切にしたいのに勇気が出せなかった』という経験はないですか？」
C:「電車で、杖をついたお年寄りに声を掛けられなかった。」
C:「ベビーカーを押している人が階段で困っていたけど、恥ずかしくて助けられなかった。」

　一般に、道徳の授業は、先生が「正しい答え」を教え込むものだと考える人が多いかも知れない。しかし、そういう「タテマエ」に終始する道徳の授業は無意味である。率直に自分自身の姿を見つめ返して「ホンネ」を語り合うことが重要なのである。子供たちがお互いの多様な「ホンネ」を伝え合い、相互承認し合う活動を通して、物事の多面性に気付き、自分の生き方について深く問い返していくのが、本来の道徳の授業である。

1．授業の「ねらい」を実現するための教材研究・子供研究

　「小学校学習指導要領」には、例えば「自由を大切にし、自律的に判断し、責任のある行動をすること」といった「内容」が明記してある。そういった価値観に焦点を合わせて授業の「ねらい」を明確に設定し、それに相応しい読み物や具体的な活動を準備していく。
　設定した授業の「ねらい」に向かって、「正しいことを教え込む」のは簡単だが、それでは本当の意味で子供が「わかった」ことにならない。「あの子はこの資料から何を読み取って、どう考えるだろう？」「逆の考え方をする子もいるかも知れないな…」と思いを巡らせる教師の思考活動（＝教材研究・子供研究）によって、子供たちが自ら考え気付いていく授業展開を構想する必要がある。

2．大切にすべき価値観を浮き彫りにする発問を構想する（授業前半）

　多くの場合、道徳の授業構造は、前半で大切にすべき価値を浮き彫りにし、後半で子供たちが自身の日々の生き方に思いを巡らせる展開になる。
　前半は、読み物資料を使うことが多いので、「国語の授業に似ている」と思う人も多いだろう。国語は「情景描写」や「人物の心情」を読み取るが、道徳の授業は、あくまでも後者（心

情）にこそ重点を置き、そこに投影されている価値観を浮かび上がらせる。そのために、ペープサートやロールプレイ（役割演技）、「吹き出し」などを用いて人物の視点に焦点化する工夫が必要となる。そして最も重要な鍵は、どこに焦点を当ててどんな「発問」をするかを構想することである。

3．子供たち自身の経験や考え方を交流する話し合い活動（授業後半）

　授業展開の後半が、道徳の授業の中核である。前半で浮き彫りになった価値観を巡って互いの経験や考え方を交流し合い、子供たちが自身の日々の生き方について「ホンネ」を出し合うことを通して、物事の多面性に思いを巡らせていく。

　一つの「正解」（タテマエ）に収束してしまうのではなく、子供の心の中で葛藤が生まれるような発問を工夫することによって、多面的に深く考えを巡らせる場面を設ける。そして、子供たちが互いの経験談や考え方（ホンネ）を率直に交流し合う話し合い活動を展開していくのである。

　そうやって、子供たち一人一人の中で視野が広がりつつ深まった個々の価値観について、文章にまとめるなどして振り返るのが授業の終末部分である。

小学校学習指導要領　第1　目標／第2　内容
　第1章総則の第1の2の（2）に示す道徳教育の目標に基づき，よりよく生きるための基盤となる道徳性を養うため，道徳的諸価値についての理解を基に，自己を見つめ，物事を多面的・多角的に考え，自己の生き方についての考えを深める学習を通して，道徳的な判断力，心情，実践意欲と態度を育てる。

　学校の教育活動全体を通じて行う道徳教育の要である道徳科においては，以下に示す項目について扱う。
A　主として自分自身に関すること
　　［善悪の判断，自律，自由と責任］
　　〔第1学年及び第2学年〕よいことと悪いこととの区別をし，よいと思うことを進んで行うこと。
　　〔第3学年及び第4学年〕正しいと判断したことは，自信をもって行うこと。
　　〔第5学年及び第6学年〕自由を大切にし，自律的に判断し，責任のある行動をすること。
　　　　　　　　　　　　※以下，内容項目のみ抜粋（各内容項目毎に，学年の内容が示されている）
　　［正直，誠実］［節度，節制］［個性の伸長］［希望と勇気，努力と強い意志］［真理の探究］
B　主として人との関わりに関すること
　　［親切，思いやり］
　　［感謝］［礼儀］［友情，信頼］［相互理解，寛容］

C 主として集団や社会との関わりに関すること
　　[規則の尊重][公正, 公平, 社会正義][勤労, 公共の精神][家族愛, 家庭生活の充実][よりよい学校生活, 集団生活の充実][伝統と文化の尊重, 国や郷土を愛する態度][国際理解, 国際親善]
D 主として生命や自然, 崇高なものとの関わりに関すること
　　[生命の尊さ][自然愛護][感動, 畏敬の念][よりよく生きる喜び]

第3学年　道徳　学習指導案

　　　　　　　　　　　　　　　　　　　　　　　　指導者：〇〇　〇〇〇

1．日　　時　　〇年〇月〇日〇校時
2．学年・組　　3年〇組（男子〇人、女子〇人、計〇〇人）
3．主　題　名　　心から友を思う　〇-（〇）友情
4．資　料　名　　ないた赤おに（資料：『〇〇〇〇』〇〇出版）
5．主題設定の理由
（1）ねらいとする価値
　　3年生という時期は、活動的であるが故に、互いの言動によって「違い」が顕在化し、ぶつかり合うことが多くなる時期である。表面的な言動だけを見て相手にネガティブなレッテルを貼り、壁をつくってしまうというケースも散見される。しかし日々の授業や行事などに取り組む中で、今まで知らなかった一面に出会うチャンス多いはずである。あるいは、たとえトラブルが起きたとしても、互いの表層的な言動の背後にある「思い」を伝え合いさえすれば、逆に多様な価値観を学び合えるチャンスでもあると言える。こうした日々の生活の一コマ一コマには、互いのよさを理解し合い、絆を育んでいける可能性が秘められている。この授業を通して、友だちと互いに理解し合い、助け合おうとする心情を育んでいきたい。
（2）児童の実態
　　4月に「なかよく元気に」という学級目標をみんなで考えてスタートしてから3ヶ月が過ぎた。しかし、実際にはトラブルが多く、目標には程遠いのが実態である。ただ、この数ヶ月間の間に取り組んだ運動会や係活動を通して、時にはぶつかり合いもするが、互いの良さに気付く場面もどんどん増えている。
　　本時を通して、友情とは何かというテーマを巡って互いの経験談や思いを本音で語り合い、各自がこれからの自分の生活の在り方について思いを巡らせる機会にしたい。
（3）資料について
　　赤おにに対する青おにの献身的な友情が胸を打つ物語である。ペープサートを用いて二人の心情に同化しながら読解する活動を通して、相手の思いを理解し助け合うことの素晴らしさを読み取りたい。しかし、それを実践するためには、我慢や自己犠牲を伴うという難しさがある。だから、一方だけが犠牲になるのではなく、痛みを分かち合ったり、もっと根本的な問

★主題設定の理由は、授業者の「思い」や「願い」を込めて書く。
※まずは、教師として、子供たちに対してどんな「願い」を抱いているのか、明確に語ることが大切。

★この資料を用いることが、子供たちにとってどんな「よさ」があるのか。そして、そのよさを最大限に引き出すための教師の「戦略」を端的に書こう。

題にともに立ち向かっていくような友情の在り方も考えていきたい。授業の後半では、現実の姿を本音で語り合えるよう問いかけ、友情の在り方に思いを巡らせていきたい。

6．本時の指導
（1）目標
　青おにとあか鬼の心情に同化して読み取る活動を通して、友だちと互いに理解し合い、助け合おうとする心情を育てる。

（2）展開

時間	主な発問と予想される児童の反応	指導上の留意点と評価
5	1．友情について考える ○友だちといて「いいな」と感じるのはどんな時ですか？ ・悩んでいた時に声を掛けてくれた。 ・一緒に遊んでいる時	○うなずきながら聞いている子の様子を称揚するなど、共感しながら聞こうとする支持的なトーンを醸成する
25	2．「泣いた赤鬼」を読んで交流する ①手を振り上げる赤鬼はどんな気持ちだったでしょう？ ・本当は叩きたくなんかない（泣） ・ウソをついているようで、悲しい ・これで俺は人気者だ！ ②手紙を読んだ赤鬼は、どんな気持ちになったでしょう？ ・一番の友だちを失ってしまった。 ・人間たちの思い込み（偏見）さえなくなればいいのに。 ・青鬼君を悪者にしない方法でやり直したい。	○最初に、教師が感情を込めて範読する。 ○心情を想像し易いように、吹き出し付きのワークシートを準備する。 ○多様な考えを引き出しつつ、板書を構造的に整理する。 ○一方的な展開になりそうなら、あえて変な考え方を教師が示して、反論を誘う。
15	○友だちに救われて嬉しかった経験や、逆に友だちに酷いことをしてしまった経験はありますか ・独りぼっちの時に声を掛けてくれた。 ・遊ぶ約束をしていたのに、他の人にも誘われて、約束を破ってしまった。どうすればよかったんだろう。 ・友だちの悪口を言ってしまうことがあるから、直したいのについ言ってしまう。	○「よくなかった」体験を学級全体で共感的に聞き合い、誰でも直面し得る局面にどう向き合うか学び合う。 ○必要に応じて教師の失敗談も語り、どう生きるべきか悩む姿を分かち合う。

★「ねらい」に迫るための「活動」を、端的に一言で表現しよう。

★最終的な到達点を端的に書く。
※「小学校学習指導要領」の内容項目をピックアップしつつ、語尾は「心情」or「態度」を→「育てる」「育む」「養う」「培う」など。

★大切にしたい価値を浮き彫りにする「発問」

★指導上の留意点＝授業展開の「戦略」である。
★一つ一つの「行動」「物」「言葉」のレベルまで具体化して書こう。

★道徳で最も重要な発問はこれである。
★前半で浮き彫りにした価値観を巡って、子供たちの「ホンネ」を引き出す「発問」を！
※「正しいこと」は「頭では理解している」が、自分自身の現実の姿はどうなのか、「本当はできていない実態」を含めて素直な考えを交流し合いたい。

第5章　授業をつくる

73

総合的な学習の時間

1．総合的な学習の時間＝「生きる力」を育てる時間

1）知識基盤社会に必要な「生きる力」の育成

　総合的な学習の時間は、学習者の主体的な活動を通して「生きる力」を育むことを目的としている。従来の教科の学習が知識や技能の習得を重視していたのに対して、総合的学習の時間は「いかに学ぶか」という学習の方法、すなわち「知の技法」の獲得を重視するものである。言い換えれば「基礎的な知識・技能を習得し、それらを活用して、自ら考え、判断し、表現することにより、様々な問題に積極的に対応し、解決する力」を育成しようというのである。

　これについて、総合的な学習の時間の創設者・推進者の一人である児島邦宏氏は、次のように述べている[8]。

> ［知識を獲得するには］情報を集め、調べ、活用・処理する力が不可欠となる。
> 　具体的には、情報の集め方、調べ方、まとめ方、報告や発表の仕方、コミュニケーションの仕方、対論の仕方といったベーシック・スキルを、学習の方法として身につけていくことが重視される。
> 　さらに、情報の集め方や調べ方といっても、そこにはまた諸々の方法が含まれる。実験・観察の方法、調査・分析の方法、統計・資料の扱い方、取材のインタビューの方法といった具合である。
> 　まとめ方としては、記録の取り方、コンピュータを使った情報処理の方法などがある。問題の質や学習の方法に応じながら、こうした学習スキルのどれを選択し、また自ら創意工夫を加えて学習スキルをつくりながら、問題の解決に取り組んでいくところに、学習の大きなねらいがあるわけである。

　つまり、総合的な学習の時間の活動を通して獲得しようとしている力は、変化の激しい先行き不透明な厳しい時代を生き抜く力であり、知識基盤社会を支える重要な力であるということができる。

2．総合的な学習の時間を実施する際のアドバイス

　『小学校学習指導要領解説』を参考にしながら、各学校の実情や児童の興味関心に基づいて、学習活動を計画実行するのであるが、その際のアドバイスや留意点を記しておく。

8）小島邦宏（1998）『教育の流れを変える　総合的学習　――どう考えどう取り組むのか――』ぎょうせい．

1）テーマの設定

興味関心をうまく引き出すために、**思考（考え）を視覚化する**[9]。

①例えば、カレーについて調べようとした時、カレーから連想できる言葉を下図のように書き記してゆく。

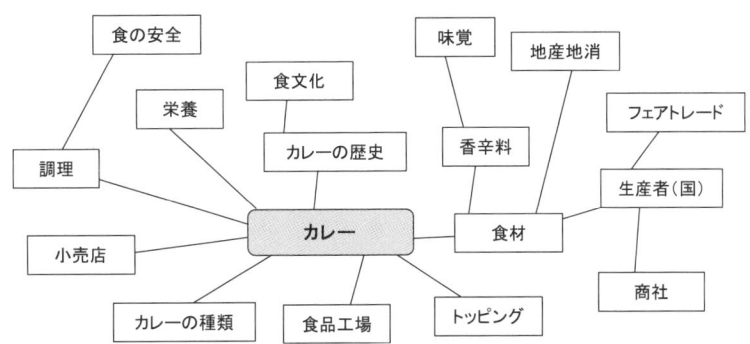

②それぞれの言葉を関連付ける。

③児童の発達を踏まえて、活動内容を絞り込む。

2）情報・データの収集・整理

（1）情報の収集：インターネットを使う場合は、特に情報の正確さ・信頼性に留意する。

（2）情報の整理・情報の再構築：協働的な活動を促す。

3）発表（発信・表現・報告）する

（1）口頭発表：発表時間を守るために原稿を準備する。目安は1分間につき漢字仮名混じり文で250〜300字程度。

（2）掲示物・学級新聞：図表の効果的使用、レイアウトや色使いにも留意する。

（3）報告書：体裁・装裁も工夫する。

（4）著作権[10]について留意する。

3．留意点

○教師はプロデューサーでありアドバイザー

児童の主体的・自主的活動を重視する際、かつての「はい回る経験主義」に陥らないよう、児童の活動を注意深く見守らなければならない。その際、個々の児童の情況に合わせて対応することが大切である。

9）①思考法・発想法にはKJ法［川喜田二郎（2017）『発想法』中公新書, 改版］や、思考の地図（マインド・マップ）などがある。

②マインド・マップのソフトウェアにはFree MindやXmindなどがある。

10）文化庁HP「学校における教育活動と著作権」（http://www.bunka.go.jp/seisaku/chosakuken/seidokaisetsu/pdf/gakko_chosakuken.pdf、2019/2/13閲覧）ほか

特別活動

1．特別活動とは

　小学校学習指導要領の第6章「特別活動」には、その目標が次のように記されている。「集団や社会の形成者としての見方・考え方を働かせ、様々な集団活動に自主的、実践的に取り組み、互いのよさや可能性を発揮しながら集団や自己の生活上の課題を解決することを通して、次のとおり資質・能力を育成することを目指す。」そして、三つの育成する課題を示している。

　それを、簡単に言えば、特別活動は、学校生活に関わる様々な活動内容や課題に、みんなで話し合って合意を作り出し決定し、集団的に取り組むが、その中で社会の中で人と共に生きていく力を育て自己実現をさせいく指導である。したがって、特別活動の取り組みは、毎週1時間、年間35時間配分されている「学級活動」の時間だけで行われるのではない。各教科や道徳などの教科的活動以外の様々な集団的な生活活動、文化活動の場面、例えば、係活動、クラブ活動、当番活動、掃除、給食、学校行事等々で、特別活動は取り組まれる。これらの多様な特別活動の活動内容をみんなで計画し、話し合い、決定し実行していくための最も中心となる活動の場が「学級活動」なのである。

2．特別活動の指導の本質

（1）教師の指導目標と子どもの達成目標の区別

　特別活動の指導で最も大切なのは、学級や学校の活動内容や課題を、子供たちに外面的に「きちんとやらせる」ことではない。例えば、「子供たちに教室を一定時間内にきれいと掃除をする」ことを課題とした場合を考えよう。子供たちはこれを課題として取り組む。しかし、教師もこの課題自体を達成することだけに目を奪われているのであれば、教師が子供たちを「怒鳴り、叱りつけて」でも、外面的には達成させることはできる。しかしその場合、子供たちは何を学び身につけるだろうか。

　子供たちには「掃除をきちんとする」ことが目標となっても、教師の目標はそれと区別されなくてはならない。教師の指導の目標は、そうじを「一定時間内にきれいにさせる」ことではない。その取り組みの過程で、みんなで話し合い、自主的で協力的な集団的な活動の仕方と力を学ばせ、さらに「そうじ」という社会的な活動に関わる好ましい見方、考え方を育てることである。このように特別活動の指導においては、子供の達成目標と教師の指導目標とは区別されなくてはならない。こうして、特別活動の活動の中でどのような人格が育てら

れるかは、外面的にどのような内容の活動が行われたかよりも、むしろ、内面的にそれがどのように動機付けられ、子どもたちがどの様に意味付けをし、どのような認識と感情をもって活動したかに強く関わっている。

このように考えると、特別活動の話し合いでは、取り組み内容について賛成意見・反対意見・別意見も含めて、子供たちがみんなで意見を出し合い、話し合い、みんなで役割分担をし、活動計画を全員で丁寧に決定することが大切である。また実施の過程でトラブルが生ずれば、またみんなで話し合い、解決をはかりながら取り組むことが大切である。そういうクラス全員による丁寧な取り組み過程を通して、活動に取り組むことの意義を共有し、活動への好ましい動機や感情を生み出し、共同や協力が生まれる。

3．「学級活動」と話し合いの指導

（1）原案と多数決

上記のような特別活動を進めるためには、学級活動の指導にとって何が必要か。

一つには、学級活動の話し合いの決定によって学級集団と個々の子供が、どのように共同的に関わり何を行うかの具体的イメージが共有できるような話し合いの「原案」が必要である。自分がどのように関わるかの具体的イメージを持てないままでの討議・決定は、安易な決定を導き、実施の段階で不満や困難が生じ、決定をきちんと実施できなくなる。

二つには、安易な多数決による決定ではなく、集団の成員が本音を出し合い、損得も含めて、価値の高低、正当性、合理性を論議したうえで、全員一致または全班一致といった慎重な決定のし方をとる必要がある。確かに多数決は必ず何らかの結論・決定が出せるやり方である。しかし強引な多数決による決定は、少数派や異なる意見を持つ者たちから不平や不満が生じ、クラス全員の一致した協力的取り組みが生まれない。わざわざ決定しにくい方法をとることで、多数派は少数派の意見や要望を丁寧に聞き、それを原案の修正や改善につなげていくチャンスが生まれるのである。

（2）原案の持つ項目例

特別活動における活動内容は多様であり、学級活動での話し合いの原案の項目を一律に定めることは難しい。大きく整理すると次のような活動がある。①学級で行う文化的・体育的活動など活動内容に発展性のあるもの、②掃除や給食など毎日、みんなで実務的に達成していくべき当番的活動、③学校生活を安全で快適なものにしていくための規則や約束に関わるもの、④学級で生じた問題やトラブルについての話し合いなどがある。その活動内容と話し合いの内容にに応じて、様々に原案の項目を工夫する必要がある。

基本として必要と考えられる項目を挙げると、次のような項目が考えられる。

①タイトル：活動内容、課題等

第5章　授業をつくる

②提 案 者：先生か担当委員会や担当係か等
③達成目標：何を、どのように、どこまでやり遂げるか。
④提案理由：クラスの状況から、いまそれに取り組む意義。
⑤取組期間：いつからいつまでの取り組みか。
⑥役割分担：誰が何を担当するか。
⑦点検評価：取り組みの成果について、誰が、いつ、何を、どのように評価するか。

(3) 学級活動の指導案例
〈本時の指導〉

活動内容	指導上の配慮
1．はじめの言葉	○教師または児童の司会者
2．提案者の言葉	○提案者は教師の場合、班長会や委員会・係などの場合がある。
3．原案の説明	○提案内容に取り組む意義を訴える。どんな活動をするかが具体的に分かるように説明する。
4．原案についての班討議	○最初から全体で話すより、班討議を通すと色々な意見が出やすい。
5．原案についての質疑	○強い意見が簡単に通ってしまうより、色々な意見が交流することが望ましい。
6．原案の修正・改善の話し合い	○異なる意見を聞き受け入れる柔軟さを大切に。
7．原案採決	○単純な多数決にならないように配慮する。
8．実施へ向けての確認	○意見の違いを越えて、学級としての決定した取り組みへの意欲が高まるように。
9．おわりの言葉	○最後に教師の指導的評価の言葉も大切。

児童の考え　やりとりの見える板書

1．板書の機能
　昨今、高校の現場ではホワイトボードに切り替える動きがあるものの、小学校ではまだまだ黒板が主流で、チョークが使われている。それは、ホワイトボードにはない黒板の利点がいくつかあるからである。例えば、マーカーでは決まった太さのものを使い分ける必要があるのに対して、チョークでは太くも書け、細くも書ける。とりわけ、濃い緑色の背景に書かれた白いチョークの線は、ホワイトボードに書かれた黒い線よりも視認性が高いという利点を、まず思い起こしておこう。

　一方、電子黒板は徐々に普及しており、板書の役割についての再検討は必要ではないかと思われる。しかし、板書のない授業は想像しにくい。板書が授業に欠かせないのは、授業が活動を伴うからである。活動のためにはそれを促す「発問」が必要で、学習者からの応答をしるす「板書」は発問とセットになる。授業は教師の一方的な説明の時間ではなく、教師と学習者、学習者同士がやりとりすることを通して学力を定着させるための時間である。電子黒板を含めた情報機器と黒板は、それぞれの利点を生かし、使い分けたり組み合わせたりしていくことになるだろう。

　小学校高学年以上にあって、板書の機能をまとめると次の3つになる。まず、授業の記録としての板書。ノートに写すことで学習の記録になり、何を学習したのか後で思い返すことができる。次に、思考活動の整理としての板書。板書によって、授業がどこを進んでいるか、何を問題にしているのかがわかる。さらに、資料の提示としての板書。掲示板的に使用することで、新しく学習した言葉や熟語を明示できたり、絵やイラストを貼ったりできる。

2．板書の方法
　板書の機能を踏まえ、ここでは、小学校における具体的な板書の方法について確認したい。すぐに身に付くものと、長い時間をかけて徐々にできるようになるものとがあるが、板書の重要性を考えれば、少しでも改善できるよう努力を怠らないようにしたい。

1）授業の前の準備として
　いわゆる板書計画を考える。完成型から逆に考えるようにすると、めあてが明確になり、発問もよりよいものになる。ここで大切なことは、右から左へ、上から下へと順々に書いていかないでよい、と理解しておくことである。完成型から考えるメリットはここにもある。さらに、貼りもの（図・写真を含む）を模造紙や色画用紙を使いながら用意するのも楽しく、

学習者へ伝わりやすい。

　板書計画ができたらぜひ練習したい。書く速さや、大きさ、どの位置からどう書き進めていくか等々を確認するためである。読みにくさがあればすぐに改善しよう。

２）授業を進めていく中で

　実際の授業では、計画どおりに進まないことを踏まえておこう。児童の意見や考えを咀嗟に書く技能はすぐにはできない。まず、児童の応答は簡潔に書く、を心がけてもらいたい。発言のすべてを板書したいところだが、それは不可能である。もう一つ、児童とのやりとりと、板書のタイミングにこだわってもらいたい。話術（発問）と板書技能の融合は、教師にとって不可欠であり、早いうちに身に付けたい技能である。

３）チョークで書く際に

　チョークは親指と人差し指でつまみ、中指以下を軽く添える。実際には人差し指で書くつもりで書くとよい。また、反時計回りに回しながら使っていくと、常に尖った状態になり、一定の太さを保つことができる。姿勢は、両足でしっかり踏ん張り、黒板に体重を預けるようにすると、濃くはっきりと書くことができる。児童へ背を向けず、半身で書けるようになるのが理想だが、書いているところが見えるよう、しゃがむなどの配慮も必要である。チョークには数種の色が用意されているが、白と黄が基本である。赤と青と緑は補助的に用いるようにする。教室の後ろから見えにくい色があることも確かめておきたい。

４）気をつけたいこと

　書くことばかりに目を向けるのでなく、消すことへも配慮したい。チョーク最大の欠点は消す際に粉が舞い上がることである。黒板消しは大きめを用意し、一定の方向に（あるいは交互に）ぞうきんがけをする要領で消すとよい。また、児童や参観者から目に付きやすいのが筆順である。誤った筆順はすぐに修正しておこう。

３．板書に教師の力量が表れる

　板書は教師の力量を如実に示す。授業の内容のみならず、学習者への姿勢が表れるのだろう。教師の教授技能として話術と同じように板書の技能を磨いていきたい。まず、教師なら誰にでもできることとして「丁寧に書く」ことを挙げておきたい。先達たちが異口同音に言う、「丁寧に書かせたいなら、まず教師が丁寧に書くことを示すこと」であれば、子どもにとって一番身近な板書の重要性を再認識しなければならない。

【もっと学びたい人のために】
樋口咲子『板書――きれいで読みやすい字を書くコツ』ナツメ社　2013（1700円）
　板書技能の基本を写真で示しつつ、低学年・中学年・高学年、さらに教科ごとに具体的な板書例をわかりやすく解説している。

# 実習の記録

第1節 なぜ書くのか？ 誰のために書くのか？

　実際問題として実習記録は「提出する決まりだから書く」と考える人も多いだろう。しかし、本当に大切なことは、「私が成長するために書く」という心構えである。子供たちの言動や先生の指導法から得た「気付き・学び」や、自分が試みた指導への手応えや反省などを誠実に綴っていきたい。そうした「私なりの発見」に満ちた記述は、確実に自分自身を育ててくれる。

　加えてその「発見」は、指導の先生からの応答を誘う力をもつことがある。それは、先生にとっても「新鮮な驚き」を伴う場合があるからだ。そもそも教室で起こる出来事の背景には、子供一人一人の様々な事情（当事者性）が介在している。だから教師は、より多くの視点から子供の姿を思慮深く多面的に捉えることを通して、子供たちの学び・育ちを支えていく。「私なりの瑞々しい発見」は、より多視点的な子供理解に貢献できる。

　つまり、「優れた実習記録は子供のためにもなる」とさえ言えるだろう。

第2節 何を書くのか？

　実習日誌に書く内容は、次の①〜③が基本となる。（④⑤の視点もあったら素晴らしい）
①概要——どんな学習活動が展開され、どんな子供の姿が見られたか、端的に記す。
②気付き・感想・問題意識——具体的な子供の姿を挙げながら、気付いた・思った・分かった・それはなぜか、など述懐する。
③自分の課題——自分が「難しい」と感じたこと＝今の自分に足りていないことを記す。
④異なる視点——他の先生方や実習生との対話から生まれた新たな見方を付け加える。
⑤指導教員との対話を経て——その日の反省会や実習記録に対する指導教員のコメントを通して、深化した考えを述べる。

第3節　実習記録の例

5月10日（木）〔天候　晴れ〕		実習生氏名	安田　花子	指導教諭印	
時間	講話や教育活動の概要	気づき・学び等　※タイトルを付ける			
8:00〜8:25	＜始業前＞ 　子供たちは、登校してすぐに外で遊んだり、教室で過ごしたりして思い思いの過ごし方をしていた。	○個性を伸ばす言葉掛け 　元気よく外で野球をする子、眠たそうに席に座っている子など、一人ひとりに個性を感じた。トイレのスリッパを揃えてくれた子やさりげなく戸をしめてくれる子もいたが、気付くと「えらいね」といったワンパターンの言葉しか掛けられない自分に気付き、課題を感じた。			
1時間目	国語：作文の読み合い 　子供たちが、2人（または3人）で作文を読み合い、コメントし合う活動を行った。	○よさを価値づける大切さと難しさ 　作文の読み合いは、互いの作品を評価することによって、あらためて自分の作品を振り返ることができ、また互いの作品のよさに気付くことができるので、とてもよい活動だと思った。 　子供たちの作文に赤ペンで指導・評価をする仕事をさせていただいたが、コメントする言葉がなかなか思い浮かばず、難しさを感じた。			
2時間目	1年生算数「どちらがながい」 　「長さ」を比べるためには、端を揃えてくらべればよいということを学習した。	○一つ一つの言葉を大切にするということ 　当初、子供たちは長さを直感で比べていた。しかし、「どうやって比べたらいいですか？」という先生の問い掛けに答える（応える）うちに、子供たちは「はし」を「そろえる」という考え方に辿り着いた。そういう「言葉」の指導を丁寧にされていたのが印象的だった。 　自分自身が、そういう言葉にこだわって考えたことがなかったので、他の授業を参観したり、自分が授業を実践したりする際には、しっかり言葉を吟味しなければならないと痛感した。			

注釈：

- 「タイトル」は、自分の「気付き・学び」のポイントが、一言で端的に分かる言葉を厳選しよう。本文を書いてから、最後にタイトルを書くのがコツ！
  ※もし「タイトルが付けられない」ケースがあるとしたら、もっと焦点を絞って書くように、文章を見直してみよう。

- 小学校では「生徒」という表現を使わない。「児童」や「子供」という表記に統一しよう。

- 具体的な子供たちの姿を根拠にして、その活動の意義や意味を自分なりに考察し、端的にまとめよう。

- その場面を通して感じ取った自分の課題は、これからの「成長の糧」になるので、確実に記録に残していこう。

- 自分の配当学年以外の授業を参観する機会もある。

第7章　実習後の学び

第1節　実習の振り返りと学びの整理

　緊張の連続であった実習が終わると、何かしら大きな峠を越えたようで安堵感と共に力が抜けるような気持ちに陥ることがある。しかし、ここで実習を振り返り、実習期間における自己をあらためて評価し、実習期間に学んだことを整理する必要がある。

1．実習の振り返り
　実習終了後しばらくすると提出した『小学校教育実習の記録』が返却される。指導教員からの指摘、他の実習生のコメント、そして自分のコメント等をじっくりと読み返してみよう。毎時間、毎時間の『記録』を読み直し、整理していきたい。

2．学びの整理
　整理した指導内容やコメント等を再考察する必要がある。
　例えば、あの授業では「ここが○○だったから、△△の指摘・コメントがあり、私は□□な考えを持ったんだなぁ」というように。そして「だから、○○のような時には、□△のようにしていく必要があるんだ」というように。
　それらをきちんと新たなノートにまとめ、整理すると良いだろう。
　整理を一通り終えた後に、再度まとめたノートに目を向け、整理した内容を、他の学習場面でも生かせるように汎用性をもたせるために、一般化させ、学んだことを整理することが大切である。実習で他の人の授業を観察する場面、自ら授業を行う場面は限られた少ないものにすぎない。それらの場面に適用できるだけではなく、その他の多くの場面で活かせるように整理することが大切である。

第2節　実習後の挨拶とお礼状

　実習終了後は、日をあまり置かずにお礼状を送るようにしたい。多忙な中、実習指導をしていただいたことに感謝を述べるのは、必要なマナーである。最近は、スマートフォンの利用により、封書や葉書を使用することは激減しているようである。これまで、お礼状を書いた経験があるだろうか。書き方が分からない、その形式がわからない、という人もいるのではないだろうか。

　実習終了後のお礼状は、葉書の場合であれば、次のような例をあげることができる。

1．表面（宛名）の書き方
　縦書きで書く。
　住所の次に〇〇小学校
　宛名の上に職名である校長
　その次に〇〇先生
　左下に自分の住所を書き、その右隣に自分の名前を書く。自分の住所氏名は、宛名書きより小さい文字で書く。
　切手は、左上に傾きがないようにきちんと貼ることに留意したい。

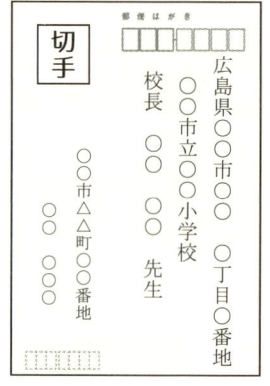

2．裏面の書き方
　頭語と結語は対応させよう。拝啓、謹啓が頭語の場合の結語は敬具、敬白である。謹啓、謹呈が頭語の場合の結語は謹言、謹白である。
　頭語の次には、簡潔な時候の挨拶文を入れよう。11月上旬であれば、立冬の語を用いる。例えば、「立冬の候　先生におかれましてはますますご清栄のこととお慶び申し上げます。」のように。
　感謝の文面は、大げさなお礼の言葉よりも素直なお礼と感想の言葉にしたい。その方が気持ちがよく相手に届くものである。
　締めの文面は、今後もご指導をお願いする慣用句を入れると良い。例えば「今後ともいろいろとご教示いただければ幸いです」「な

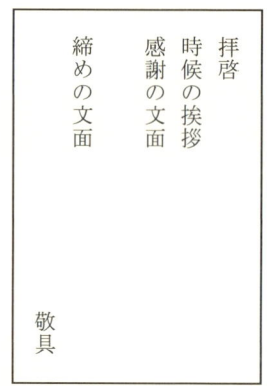

にとぞ末永くご指導のほどよろしくお願い申し上げます」といった慣用句である。また、「秋の深まりとともに寒さも増してまいります折、皆様のご健康をお祈りいたします。」といった季節の挨拶を加えるのもよい。

教職に就き学び続ける
読んでおくべき図書・読むと必ず得する図書・読むと元気が出る図書

1：有村久春『教育の基本原理を学ぶ：教師の第一歩を確かにする実践的アプローチ』
　金子書房　2009　（ISBN 978-4-7608-2348-2　1,900円　140頁）

　本書は、これら学校訪問の事例にあるように、子どもや学校・教師の存在を問いながら、そしてまた、教育学の専門的な知見にも学びながら、＜実践的な教育原理＞を記したものである。　（中略）
　＜子どもあっての教育＞をどのように展開するのか、その理論的考察と実践的アプローチが本書のコンセプトである。　　　　　　　　　　　　　　　（はじめによりⅱ頁）

第1章　子どもの存在と学校教育	第2章　教育の原理
第3章　子どもとのかかわり論「先生」の8つの原理	第4章　教育課程と学習指導要領
第5章　学習指導の方法	第6章　学級経営の基礎理論と実際
第7章　子どもの社会性の育成	

2：佐々木芳輝『必携教職入門　先生のための教科書』　本の森　2008
　　（ISBN 978-4-938965-98-3　1,950円　253頁）

　学生諸君や若い教員の皆さんは、教職に就いても分からないことが多いのではないかと予想される。たとえそうであったとしても、すぐに躓いたり挫折したりしないように、本書によって事前に教職の全体像を把握し、それぞれの指導内容や指導場面に相応した的確な心構えを持って、児童生徒の学習や生活指導に取り組んでいけることを期待している。
　教育の過程は、毎日が子どもたちの成長のための「相談と指導」の連続である。若い皆さんには、教育現場で直面する指導内容すべてに通用する、人間性豊かな「心情」や「感性」、それに、この書に記したような、教育指導の根本となる「配慮の精神」を涵養しながら、次の世代の子どもたちを大きく育て新たな夢を託せるような教師に是非なってほしく、心から念願して本書を贈りたい。　　　　　　　（著者からのメッセージ　6頁）

第1章　学生と教員免許	第2章　自己紹介と教育
第3章　教員と資質	第4章　学習と子ども
第5章　道徳と学校教育	第6章　特別活動と人間教育
第7章　子どもと社会人形成	第8章　生きることと進路
第9章　子どもの生活	第10章　生徒指導と関係機関
第11章　教育行政・地域社会・家庭・教師	第12章　講義を終えて

3：岩井邦夫ほか編『小学校教員基礎ゼミナール：小学校の先生になるために』
　　ふくろう出版　2010　(ISBN 978-4-86186-522-0　1,600円　140頁)

　内容は、小学校の教育現場に関するそまざまな仕事やいろいろな授業、児童たちの様子、また小学校教諭になるために必要な経験、たとえば遊び・リクリエーション、ボランティア活動、日常生活から習得することの多いコミュニケーション能力の大切さ、…最後に先生になるためにがんばらなくてはならない「教員採用試験」のしくみ、情報収集などのノウハウについて幅広いものとなっています。(はじめにより)

　第1講　小学校の先生になりたい！
　　　　──現場の先輩から学ぶ──
　第4講　子どもといっしょに遊ぶ先生に
　第6講　経験しておきたい学童保育・ボランティア活動
　第7講　小学校教諭のルーツをたどる
　第9講　いまからでも間に合う
　　　　小学校教諭としてのセンス磨き
　第2講　児童の生活を知る！
　第3講　小学校教諭お仕事探検
　第5講　いつでも、だれとでもコミュニケーション
　第8講　知っておきたいこんな問題
　第10講　小学校教諭への道のり
　第11講　「教員採用試験」受験に向けて

4：岡崎勝編『がっこう百科』　ジャパンマシニスト　2005
　　　(ISBN 978-4-88049-125-X　1,905円　326頁)

　この『がっこう百科』は、学校での生活を充実させ、楽しくするための「応援の書」だ。学校生活で起こるできごと、習うこと、使う道具、いろいろと解説している。「事典」であるとともに「コラム・ブック」の性格も備えているので、ざっと読んでもらっても、「いまどきの学校」の雰囲気がつかめると思う。
　学校現場の本音、生々しい実態、対応策、そしてウラ情報も書いてみた。学校のリアリティがつたわり、現場の「関係」や「力学」がわかるように書いてある。(まえがき3頁より)

　ジャンル別項目一覧
　　いろんな友だち
　　先生という人たち
　　学校ぐらし
　　さあ、お勉強
　　学校のモノたち
　　学校と教育の問題
　　からだのこと

5：乙訓稔編『幼稚園と小学校の教育 ──初等教育の原理──』 東進堂 2011
　（ISBN 978-4-7989-0059-9　2,200円　201頁）

　初等教育を考える本書を上梓するのは、今日の日本の初等教育の指導に当たっている人たちや、またこれから携わる人たちのために、初等教育の原理原則を明確にするという意味が込められている。
　これまで教育原理と題された書のほとんどは中等教育の原理が中心であって、初等教育原理を意図した書は数が少なく、その意味から本書の出版は意義のあることと考えているのである。とりわけ、本書は日本の今日の幼稚園と小学校の教育の課題である「幼小連携」に焦点を収斂し、初等教育を論究の中心射程としている点が特徴と言える。(まえがき　1頁)

第1章　教育学と教育原理　　　　　第2章　保育と教育
第3章　子どもの心身の発達　　　　第4章　初等教育の歴史と制度
第5章　初等教育の教育目的　　　　第6章　初等教育の教育課程
第7章　初等教育の教育方法　　　　第8章　初等教育の教科教育とその教育法
第9章　道徳教育と特別活動　　　　第10章　生徒指導と教育相談
第11章　教員の職務

6：『旺文社　書き順・音読み・訓読みがすぐわかる小学漢字1006字の正しい書き方』
　　三丁版　旺文社　2010　(ISBN 978-4-01-010855-0　600円　351頁)
　（新学習指導要領対応）

7：『旺文社　足し算から分数・小数まですぐわかる小学計算問題の正しい解き方』　第
　　四版　旺文社　2012　(ISBN 978-4-01-010856-7　600円　191頁)
　（新学習指導要領対応）

8：俵原正仁・原坂一郎『若い教師のための１年生が絶対こっちを向く指導！』
　学陽書房　2015　(ISBN 978-4-313-65278-1　1,800円　119頁)
　　こんな状態も…言い方ひとつで変わる！　この言い方でこんなに違う！
　　カリスマ教師とスーパー保育士が教える「効く指導」がいっぱい！

9：土居正博『クラス全員に達成感をもたせる！１年生担任のための国語科指導法
　　──入門期に必ず身につけさせたい国語力──』　明治図書　2017
　(ISBN 978-4-18-189415-3　1,800円　182頁)
　　国語の授業がしっかりできれば学級経営もうまくいく！

10：中島清貴『中島先生の体育教室　小学校体育が得意になる！運動遊びの本』
　　学習研究社　2007　(ISBN 978-4-05-403368-9　1,100円　143頁)
　　写真で解説！授業ですぐできる指導集　苦手な子も技能が伸びる

第Ⅱ部　幼稚園実習

第1章　幼稚園教育の実際

第1節　幼稚園教育の目的と教育課程

1．幼稚園教育の目的

「学校教育法」第22条には、「幼稚園は、義務教育及びその後の教育の基礎を培うものとして、幼児を保育し、幼児の健やかな成長のために適当な環境を与えて、その心身の発達を助長することを目的とする」と明記されている。目的を達成するために5つの具体的な目標が同法第23条に下記の図1の通りに記述されている。この5つの目標が保育内容の5領域（健康、人間関係、環境、言葉、表現）に展開され、更に具体的なねらい、そして具体的な活動として内容が位置付けられている。

「学校教育法」第23条より

幼稚園の目標

一　健康、安全で幸福な生活のために必要な基本的な習慣を養い、身体諸機能の調和的発達を図ること。	→	健康
二　集団生活を通じて、喜んでこれに参加する態度を養うとともに家族や身近な人への信頼感を深め、自主、自律及び協同の精神並びに規範意識の芽生えを養うこと。	→	人間関係
三　身近な社会生活、生命及び自然に対する興味を養い、それらに対する正しい理解と態度及び思考力の芽生えを養うこと。	→	環境
四　日常の会話や、絵本、童話等に親しむことを通じて、言葉の使い方を正しく導くとともに、相手の話を理解しようとする態度を養うこと。	→	言葉
五　音楽、身体による表現、造形等に親しむことを通じて、豊かな感性と表現力の芽生えを養うこと。	→	表現

（右側：保育内容の5領域）

図1　幼稚園の目標と保育内容との関係

2．教育課程
1）教育課程の役割
　幼稚園は、学校教育の始まりと位置付けられている。幼稚園教諭は、先述した幼稚園教育の目的及び目標の達成を目指しつつ、一人一人の幼児が、将来、自分のよさや可能性を認識するとともに、あらゆる他者を価値のある存在として尊重し、多様な人々と協働しながら様々な社会的変化を乗り越え、豊かな人生を切り拓き、持続可能な社会の創り手になるための基礎を培うことが求められる。このために必要な教育の在り方を具体化するのが、各幼稚園において教育の内容等を組織的かつ計画的に組み立てた教育課程である。教育課程の編成に当たっては、全体的な計画に留意しながら、「幼児期の終わりまでに育ってほしい姿」を踏まえて教育課程を編成しなければならない。更に教育課程の実施状況を評価して、その改善を図っていくこと、教育課程の実施に必要な人的及び物的な体制を確保するとともにその改善を図っていくことなどを通して、教育課程に基づき組織的かつ計画的に各幼稚園の教育活動の質の向上を図っていくこと、つまり「カリキュラム・マネジメント」に努めなければならない。

2）教育課程の編成上の基本的事項
　幼稚園の教育課程を編成する上での基本的事項は以下の3点がある。まず、1点目は、幼稚園生活の全体を通して「幼稚園教育要領」の「第2章　ねらい及び内容」に示す保育内容の5領域のそれぞれのねらいが総合的に達成されるよう、教育課程に係る教育期間や幼児の生活経験や発達の過程などを考慮して具体的なねらいと内容を組織することである。例えば、鬼ごっこ遊びを行うときは、健康の領域にのみのねらいを達成することを目指すのではなく、一緒に子ども達が遊ぶことによる人間関係の領域の育ちや、人との関わりを深め、自分の思いを伝える言葉の領域の育ちも同時に子どもの中に育っていることに留意しなければならない。また、自我が芽生え、他者の存在を意識し、自己を抑制しようとする気持ちが生まれる幼児期の発達の特性を踏まえ、入園から修了に至るまでの長期的な視野をもって充実した生活が展開できるように配慮して教育課程を編成しなければならない。2点目の基本的事項は、幼稚園の毎学年の教育課程に係る教育週数は、特別の事情のある場合を除き、39週を下ってはならないことである。幼稚園は学校教育である。小学校と同じように夏休みなどの長期休みがある。基本的事項の3点目は、幼稚園の1日の教育課程に係る教育時間は、4時間を標準とすることである。ただし、幼児の心身の発達の程度や季節などに適切に配慮しなければならない。しかし、私立幼稚園の多くは、「預かり保育」という教育課程に係る教育時間終了後等に行う教育活動が行われている。現在、この預かり保育の時間は、平日の4時間の教育時間以降に留まらず、本来は開園していない夏休みなどの長期休みや早朝時間まで拡大する傾向がある。その背景には、保育所入所待機児問題がある。保育所と同じように長時間、

長期休みも保育を行ってほしい子育て家庭の要望と、早期に入園児を確保したい私立幼稚園の状況がある。その為、子どもの状況に配慮しながら、教育時間のみの教育課程を作成するのではなく、教育時間終了後の保育の計画を作成することが求められている。

第2節　幼児期の発達的特質

幼児期においては、適切な保育の環境のなかで保育者や友達との間で豊かな関わりを経験し、その経験を通して生きる力の基礎を培っていくことが期待される。ここでは、幼児期の生活、子ども集団の特性から幼児期の発達について考えたい。

1．幼児期にふさわしい生活

『幼稚園教育要領解説』によると、幼児期にふさわしい生活とは、「①教師との信頼関係に支えられた生活」、「②興味や関心に基づいた直接的な体験が得られる生活」、「③友達と十分に関わって展開する生活」である。幼稚園では、幼児期にふさわしい生活が展開されるよう、子どもの状態に応じたきめ細やかな配慮が必要である。特に幼児期は社会性の発達が著しい時期であり、友達との関わりの中で、相互に刺激し合い、様々なものに興味や関心を深め、それらに関わる意欲を高めていくなかで発達が促されていくことを忘れてはならない。

2．幼児期の子ども集団の特性

家庭や保育において身近な大人と安定した相互的関わりを十分にもつことにより、子どもは自己や他者に対する信頼感を形成する。自己や他者に対する信頼感を形成している子どもは、身近な大人を安全基地とし、仲間との関係へと関わりを拡げていくようになる。パーテン（M. Parten）[1]は、遊びにおける子どもの人との関わりについて、①何もしていない状態、②傍観的行動、③ひとり遊び、④平行遊び、⑤連合遊び、⑥協同遊びの6つの発達的流れを指摘している。①何もしていない状態は、3歳頃にはほぼ見られなくなる。2歳頃には③ひとり遊びや④の平行あそびは多く見られるが、3歳頃からしだいに減少する。⑤連合遊びや⑥協同遊びは3歳頃から増加する。誰かがひとり遊びをしている姿を真似する子どもが現れ、平行遊びが生まれ、さらに、平行遊びをしている子ども同士で遊びのイメージが共有されるようになると、関わりのある連合遊びに発展していくという発達的流れがある。ルールを理解し、遊びのイメージを共有した上で一つの目標を集団で共有する力が育つ5歳ごろになる

---

1) Parten, M. Social participation among preschool children. *Journal of Abnormal and Social Psychology*, **28**, 1932, 136-147.

と、役割分担しながら目標に取り組みながら遊ぶ協同遊びも可能となる。このような発達的流れは、年齢とともに自動的に発現するものではなく、遊び場面における子ども同士のやりとりのなかで経験するいざこざ、葛藤、気持ちの立て直しを日々経験することにより、子どもは他者との関わりを体得し、「友達と遊ぶ」ということが実現していくのである。

　多くの子どもにとって、幼稚園は初めての集団生活の場である。集団生活のなかで経験する同年齢、あるいは異年齢の仲間との遊びを通した関わりは、子どもの生活のなかで、重要な位置を占めている。保育者は危険のない範囲で子ども同士のやり取りを見守り、時には互いの子どもの思いを代弁したり、解決の方向性を提案したりなどの関わりが重要である。そのような保育者の温かいまなざしに支えられ、やがて子どもは困ったときにすぐに保育者に助けを求めるのではなく、自分でこの状況をなんとかしようと考え、行動にうつす力を培っていく。このように仲間集団での日々の相互交渉は、相手を理解しながら自分自身の感情を抑制したり、自分の思いをうまく言葉で表現したりといったコミュニケーション能力や人間関係力の発達につながる。

第3節　新しく求められる幼稚園教諭の資質と能力

　2020年度の教育改革に向けて、2018年度から新学習指導要領の移行措置が開始された。就学前教育として、「幼稚園教育要領」、「保育所保育指針」、「幼保連携型認定こども園教育・保育要領」が改定され、2018年度から全面実施されている。文部科学省は、予測可能な時代に一人一人が未来の創り手となるために教育において育成すべき資質・能力の3つの柱として「知識・技能」「思考力・判断力・表現力等」「学びに向かう力、人間性等」を示している。この育成すべき3つの柱は、小学校以降の学びの見通しのなかで、幼稚園の教育活動ではどうあるべきかを十分に検討し行わなければならない。小学校以降の教科等の指導に対し、幼児教育では遊びや生活を中心とした自発的な活動のなかでこれらの力を育むことが求められるからだ。さらに幼児期の終わりまでに育ってほしい具体的な姿が明示されたことを受け、幼稚園においては、3歳児、4歳児の時期から各々の子どもが発達していく方向を意識し、一人一人の発達の見通しを考慮した適切な指導が求められる。

第2章　幼稚園教育実習の目的と方法

第1節　幼稚園教育実習の意義と目的

1．教員免許状と教育実習との関連

　幼稚園、小学校、中学校、高等学校の教員は、原則として学校の種類ごとの教員免許状が必要である。教員免許状は普通免許状、特別免許状、臨時免許状の三種類があり、全国の学校で有効なのは普通免許状のみである。普通免許状を取得するには、取得したい免許状に対応した教育課程のある大学・短期大学などに入学し、法令で定められた科目及び単位を修得して卒業した後、各都道府県教育委員会に教員免許状の授与申請をすることが必要である。

　この法令で定められた科目及び単位の1つとして、教育実習（5単位）がある。教育実習の単位の中には教育実習事前事後指導の1単位があり、教育実習の場である幼稚園での実習は4単位となる。教員養成校では、教育実習1単位を1週間と見なしている場合が多いので実習期間を4週間と定めることが最も多い。ただし、同じ学校（幼稚園を含む）で連続して4週間実習に参加することとは限らない。例えば、小学校での2週間の実習と幼稚園での2週間の実習、あるいは、公立幼稚園での2週間の実習と、私立幼稚園での2週間の実習でも教育実習と認められる。更に、同学年で4週間の実習とは限らない。学年を変えて、2年間にわたって教育実習が行われる教員養成校は多い。つまり、以下の図で示した例のように幼稚園教員免許状を取得したいのであれば、幼稚園を含む学校での教育実習を累計で4週間参加し、単位を認定されなければならない。

教員養成校での実習時期の例

| 2年前期
教育実習指導
（1単位） | ➡ | 2年前期
教育実習Ⅰ（小学校）
（2単位） | ➡ | 2年後期
教育実習Ⅱ（幼稚園）
（2単位） |

２．幼稚園教育実習の意義と目的

　教育実習は、大学で学んだ理論や実技を基礎とし、これらを総合的に実践する応用力を幼稚園教育の場面で実践しながら養い、身に付けた知識と技術をより確かなものとしていく学びである。では、その意義と目的を具体的にあげてみよう。

１）幼稚園の教育内容や機能を体験し、理解する

　教育実習では、まず１日の生活を通して幼稚園教諭が「どのように幼児に接し、話しかけているのか」、また「毎日決まって行われる保育内容は何か」などを観察し、理解する。更にどのような指導計画（月間指導計画、週案など）にそって保育が行われているのかを知ることが実習の意義・目的の一つである。

２）幼児との関わりを通して、幼児への理解を深める

　大学で学んだ内容を理解し、確認しながらも、まずは目の前の幼児と積極的に関わり、幼児への理解を深めることが大切である。幼児は興味や関心がなければ、主体的な活動を行うことはない。保育内容や遊びを押しつけず、幼児の自主的な活動を大切にしながら幼児の興味や関心、発達の状況を知ることは実習の大きな目的の一つである。特に、年齢による発達の違いや、同じ年齢でも発達には個人差があること、障害がある幼児への援助の仕方などは、実際に幼児と関わらないと理解できない。このような機会を活かし、多くの幼児と積極的に接するように心がけよう。

３）幼稚園教諭の職務を幼稚園教育場面で体験し、理解する

　発達が著しい幼児に関わる幼稚園教諭には、幼児の健やかな発達と人間形成を担うという重要な職務がある。その職務の重要性や専門職として働くことの意義を、幼稚園教育の現場に参加することで少しずつでも理解できるように、意識的に努力しなければならない。また、実習生が幼稚園教諭の補助的な立場に立つことによって、教職員間のチームワークについても学ぶことが出来る。実習生は、自分に出来ることは何かを常に考え、積極的に実習に参加することにより教育実習の目的を達成することが出来る。

４）教育課程や指導計画を理解し、幼稚園の目標や方針を知る

　幼稚園教育実習に参加する前には、必ず「幼稚園教育要領」、「学校教育法」「教育基本法」を理解し、実習園の教育目標・方針について考えてみよう。幼稚園の教育課程、指導計画（年間指導計画、期間指導計画、月間指導計画、週案、日案）には、園の教育目標や方針が反映されている。事前訪問などの際に、実習園から園のしおりや園の概要のパンフレット等を受け取り、実習園の目標や方針を把握しておくと、より幼稚園の役割や機能についての理解が深まる。特に、指導実習（責任実習と呼称する養成校もある）では、部分指導実習や全日指導実習を担当させていただくので、実習園の教育課程や指導計画を把握しておかなければ、指導案を作成することが出来ない。幼児の生活は、毎日の連続性の中にある。小学校教育での授

業とは異なり、興味や関心があると何日間も続く遊びもある。また、幼稚園は事前に年間指導計画や月間指導計画、週案を作成しており、該当する時期に育てたい子どもの姿がある。つまり、実習生が好き勝手に保育内容を決めてはならないのである。指導実習の際には、事前に担当指導教諭と教育課程や指導計画を踏まえた指導案の作成と実習内容の相談が不可欠である。

第2節　幼稚園教諭に求められる専門性と適性

1．幼稚園教諭に求められる専門性

　幼稚園教諭を含む教師は、専門職である。日本の専門職は、国家資格を必要とする職業をさすことが多いが、高度な専門知識が必要な仕事においては、国家資格が不要であっても専門職と呼称される。専門職の代表的な定義を示したリーバーマン（Myron Lieberman）は、専門職とは、①比類のない、明確で、かつ不可欠的サービスを提供する、②サービスを提供する際に、知的な技術が重視される、③長期にわたる専門的訓練を必要とする、④個々の職業人およびその職業集団全体にとって、広範囲の自律性が認められている、⑤職業的自律性の範囲内で行われる判断や行為について広く責任を負うことが、個々の職業人に受け入れられている、⑥職業集団に委ねられた社会的サービスの組織化及び遂行の原理として強調されるのは、個人が得る経済的報酬よりも、提供されるサービスの内容である、⑦包括的な自治組織を結成している、⑧具体的事例によって、曖昧で疑わしい点が明確化され解釈された倫理要綱をもつと論じている。

　では、幼稚園教諭に求められる専門性とは何であろうか。具体的には以下の8点があげられる。①幼児理解・総合的に指導する力、②具体的に保育を構成する力及び実践力、③得意分野の育成、教師集団の一員としての協働性、④特別な教育的配慮を要する幼児に対応する力、⑤小学校や保育との連携を推進する力、⑥保護者及び地域社会との関連を構築する力、⑦園長など管理職が発揮するリーダーシップ、⑧人権に対する理解である。

2．幼稚園教諭の適性

　幼稚園教諭の適性は、①子どもが好きであること、②心身ともに健康であること、③前向きで精神的に明朗であることがあげられる。幼稚園教諭は幼児たちの傍で過ごし、同じ体験を共有し、感動も共感し合う存在である。他校種の教員と比べるとはるかに幼児と過ごす時間が多い。例えば、幼稚園に実習に参加した学生の多くが、「いつも子どもがいて、休み時間が無い」と感じる。授業の後に職員室に戻って次の授業の準備をすることが小学校以降の教員は当たり前であろう。しかし、幼稚園教諭は次の保育の準備をしている傍らにも幼児が

寄り添い、話しかけ、見つめている。幼児の視線から離れるのは幼児が降園した後である。なぜなら、幼稚園教諭は幼児の心のよりどころであり、憧れであるからだ。幼稚園教諭の些細なしぐさや表情まで幼児たちは見つめていることを忘れてはならない。それが、短期間の実習生であっても幼児にとっては同じ教師なのであるから、教師としての幼児に与える影響の大きさを自覚して実習に臨まなければならない。幼児の憧れであり心のよりどころの担任教諭が園に不在の時、幼児は大きな不安感を感じる。だからこそ、心身共に健康で、前向きな教員であってほしい。

第3節　幼稚園教育実習の事前指導

1．教員養成校での事前指導の内容

　教育実習の前には大学の授業科目として「教育実習指導（1単位）」が設けられており、授業内容は、「教育実習の意義と目的を理解する」「教育実習の内容を理解し、自己の課題を明確にする」「実習園における子どもの人権、プライバシーの保護と守秘義務等について理解する」「教育実習の計画、実践、観察、記録、評価の方法について理解する」「教育実習の事後指導を通して、実習の総括と自己評価を行い、今後の学習に向けての課題や目標を明確にする」ことである。しかし、実習期間が「教育実習指導」の直後にある場合とは限らない。第2章第1節で言及したように実習期間が複数の学年にわたって行わる養成校も多いからである。養成校によっては、「教育実習指導Ⅱ」という授業科目を追加設定することもあり、ある養成校では、授業の空き時間を活用した「教育実習指導補講」を行っている場合もある。また、教員養成校によっては、実習生をグループ分けを行い、グループリーダーを設けて事前指導を行う場合もある。これは、実習生の自主性や促し、実習生同士が相談し合い、実習指導担当者と連絡体制を整える目的などがある。具体的な教員養成校での事前指導計画例を以下に示した。

ある教員養成校での実習事前指導計画例

4月21日	幼稚園教育実習の心得と実習園の配当と教生長などの役割決め
5月11日	前年度教育実習に参加した上級生からの実習報告
5月25日	実習園への事前訪問
6月23日	幼稚園教育実習日誌の書き方
6月30日	部分指導のための指導案作成
7月7日	幼児の発達の特性と関わり方
7月14日	自分の実習計画と課題の設定およびテーマレポートの作成
7月28日	幼稚園長による講話
9月末	幼稚園実習の直前指導
10月初旬	幼稚園実習事後報告会

例に示した実習事前指導計画の中にあるように、事前指導には、実習の意義や心得、実習園への事前訪問の仕方、日誌や指導案の書き方、子どもとの関わり方、自己の実習計画と実習報告書であるテーマレポートなど多岐にわたる。一つ一つの指導内容をその都度理解し、自分の知識にしなければ、実習での学びを深めることが出来ない。この理解までの時間の短さが他の大学での授業科目と異なっている。

２．幼稚園教育実習の心得
　教育実習の心得には以下の７項目がある。
１）実習は実習園側の好意であり、感謝を忘れない。
　教育実習は、受け入れてくださる幼稚園の先生方、幼児とその保護者の「未来の幼稚園の先生を育てたい」という好意で成り立っていることを念頭の置き、常に感謝の気持ちを忘れずに実習に参加すること。
２）常に自己の専門性の向上を目指して努力すること。
　魅力ある専門職としての幼稚園教諭になるために、実習を通して自分を磨き、高めていかなければならない。そのためには、大学で学んだ理論等を幼稚園教育場面での教師の仕事や幼児の実態と往還しながら学ぶことが最も効果的である。そして、幼児教育の現場の雰囲気を肌で感じ、目で確かめながら、自分自身の職業観が構築されていくである。自分の課題は何か。幼稚園実習で何を学びたいのか。常に自己の専門性の向上を目指して努力しよう。
３）実習生であっても教師としての自覚をもって言葉遣いと態度に留意すること。
　実習生は、学生であっても幼児にとって一人の幼稚園の先生である。また、現職の教師からは、保育を学び、専門職を目指している未来の教師と見なされていることを忘れてはならない。つまり、教師の自覚をもち、自分の服装や身なりはもちろん、自分の言葉使いや態度や動作等に留意して行動しよう。
４）不明な点は自己判断をせずに、担当教諭に確認すること
　実習中に不明なことがあれば、自己判断をせずに、必ず指導担当教諭に尋ね、確認をしよう。また、指示されたことを行った後の報告も忘れてはならない。だが、基本的なことまで全て質問してしまうのは、多忙な担当教師の業務を妨げることになってしまうかもしれない。実習生は、実習前に『教育実習の手引き』を全て一読して実習に臨もう。
５）気持ち良い明るい挨拶を常に行うこと
　登園は少なくとも始業30分前につくことを心がけ、園長先生、先生方、園児、保護者方などに自分から率先して明るい挨拶を行おう。挨拶は自分で言ったつもりの声ではなく、相手に届くことを判断基準にしたものでなければならない。もし、適切なあいさつを出来ていない場合、「積極性が無い」「明るさが無い」「気が付かない」など、実習評価を低下してしま

うことが多い。
6）実習指導担当の教諭に報告・連絡・相談を忘れないこと
　保育を担当し、実施する際には、必ず事前に担当の先生の指導を受け、実施後は謙虚に講評を受けとめ反省しよう。つまり、実習指導担当の先生への「ホウ（報告）・レン（連絡）・ソウ（相談）」を常に心がけよう。特に幼児の怪我や事故には迅速に報告しなければならない。幼児は興味関心が広く、面白そうと感じたものへ行動は早く、いつ怪我や事故が起きるかわからないからである。また、時に幼児は些細なことで発熱し、体調を崩してしまう。このような状況の時は即座に担任の先生へ報告しなければならない。

7）特に遵守すべき事項
　特に遵守すべき6項目は以下のとおりである。
　①幼児に対する公平な保育（幼児と勝手な約束はしない。特定の個人を特別扱いしない。）
　②信用失墜行為の禁止（時間の厳守。園則の厳守。服装・礼儀に留意する。守秘義務の厳守。）
　③出勤簿への押印は丁寧に。
　④園内での携帯電話の使用は、休み時間であっても原則禁止。
　⑤幼児の名前をすぐに覚え、笑顔を絶やさずに幼児と接すること。しかし、幼児が危険なことや人を傷付けてしまうことなどを行った時ははっきりと注意する。
　⑥欠席・遅刻・早退は速やかに実習園と大学の双方に報告すること。

3．実習園での事前指導
1）事前訪問の仕方
　実習開始2週間前までに、電話でアポイントメントを取り実習園を訪問する。事前訪問は時間を厳守し、実習生全員がそろって伺おう。また、訪問はスーツを着用し、実習生らしい身なりと言葉遣いと礼儀正しい態度に注意する。「初め」と「終わり」の挨拶を考えておき、忘れないこと。なお、疑問点があっても実習生同士でヒソヒソ話さず、直接伺うこと。持参物は、「実習評価票」「出勤簿」「実習個人票」「返信用封筒」などがある。

2）事前訪問での確認事項
　事前訪問では、以下の内容を確認しておくとよい。

園の教育目標・教育方針・月案・週案・園の概要・担当クラス・担当クラスの園児の人数・指導実習の予定と内容・指導案の様式・服装や履物などの持参物・勤務時間・出勤簿の押印場所・実習日誌の提出方法・欠席や遅刻の連絡方法など

第4節　幼稚園教育実習の事後指導

1．実習幼稚園の感謝と教育実習後のつながり

　教育実習後には速やかにお礼状を実習園に送付することを忘れてはならない。お礼の手紙は実習後に1週間過ぎると感謝の気持ちは伝わりにくいものである。お礼状が実習終了後の1週間以内に幼稚園に届くためには、実習後の3日間以内に投函するとよい。また、白の封筒を使用し、縦書きの方が好ましい。文章は敬体にし、敬語表現を用いる。一方、幼児は文字が必ずしも読めないのでポップアップカードのような視覚的なものの方が喜ばれる。

　実習後のお礼状だけでなく、暑中見舞いや年賀状などを送り、幼稚園に近況報告をするなどを実習後のつながりを大切にしよう。また、幼稚園からの運動会や発表会の行事の案内が届いたら、授業などに支障が無い限り、出席をし、行事の準備も手伝わせていただけるなら是非参加しよう。ただし、特定の園児と遊び、自宅に招くなどは慎むべき行為である。

2．教育実習後の事務手続きと教育実習日誌の提出

　教育実習後に大学へ戻ったら実習中に訪問してくださった大学の先生方へお礼と実習終了後の報告を忘れないようにしよう。このお礼のご挨拶は、実習後1週間以内が好ましい。

　また、実習は幼稚園へのお礼状を送ったら終わりではない。幼稚園に提出した「実習日誌」を1カ月以内に再び受け取りに訪問し、大学に速やかに提出しなければならない。また、幼稚園から「出勤簿」や「実習評価票」が提出されるが、「出勤簿」を実習生に渡される幼稚園もあるので、書類を幼稚園から預かった場合は速やかに大学に提出することを忘れないようにしよう。万が一、実習生の過失で紛失した場合は、単位が認定できないこともある。「教育実習日誌」「出勤簿」「実習評価票」などの扱いは気を付けること。実習後のスケジュールを確認しておこう。

教育実習後のスケジュール

教育実習後翌日	教育実習後3日以内	教育実習後1週間以内
・実習園への実習日誌提出 ・日誌受け取り日の確認	・実習園へのお礼状の投函	・実習訪問してくださった大学教員へのお礼と報告

3．教育実習の振り返りと今後の課題

　教育実習後の振り返りは、自分を見つめ直し、保育者としての自己課題を見付ける機会である。また、実習で学んだことを大学での講義で深め、保育の知識や技術を高める一層の努力をしよう。実習での経験を無駄にせず、理想とする幼稚園教諭を目指すためにも日ごろの努力の積み重ねを持続させ、幼児の笑顔を思い出しながら頑張ってほしい。

第3章 幼稚園教育実習の内容と展開

第1節　幼稚園教育実習の形態

　幼稚園教育実習の形態は、「見学実習」「観察実習」「参加実習」「指導実習」の4つがある。

1．見学実習
　見て学ぶ実習をさす。初めてで状況が良く分からない場合、保育の中に入らず、外側から様子を見学し、大まかな状況を把握する実習である。例えば幼稚園に事前訪問に伺った際に、スーツのまま保育室には入らずに園内を見学させていただくことなども見学実習の一つである。園の雰囲気や保育の様子を理解し、教職員の服装などを記録すると実習時の参考となる。

2．観察実習
　実習初日には、一日の生活の流れや幼児と教師の活動を見ていることが中心の観察実習を行う。見学実習との相違は、問題意識をもっていることである。例えば「子どものいざこざ場面での教師の関わりを知ろう」等のテーマをもつことが重要であるが、記録に専念する姿は保育現場では好まれない。理由は、実習生が記録している姿に幼児の興味が移ってしまい、保育が中断する恐れがあるからだ。さりげない記録を行う配慮がいる。

3．参加実習
　参加実習とは、幼児や教師の活動に加わり、一緒に保育に参加する実習である。特に幼児は一緒に関わると親しみがわき、観察実習では見えなかった心情を幼児なりの表現で伝えてくれることがある。実習中は見学者にならず、積極的に園生活に参加するように心がけよう。幼児と一緒に遊びながら観察をし、教師の仕事を手伝いながら教師の言動を模倣するなど、参加実習での学びは次の指導実習を行う上での土台となる。

4．指導実習

指導実習とは指導案を作成し、保育者として幼児に保育を行う実習である。一日の保育をすべて担当する全日実習や一部の時間のみを担当する部分実習がある。全日実習の前に部分実習を数回担当させていただき、教師の言葉がけや幼児との関わり方を習得しよう。つまり、見学実習から指導実習までの連携している一つ一つの実習形態に自分の課題を把握して、解決し、保育の実践力を向上させよう。

第2節　幼稚園教育実習の記録の書き方

教育実習では、一日の実習を振り返り実習記録を毎日作成する。なぜ、毎日、記録を作成するのか。一日の学びを振り返り、その日の実習の学びや課題を翌日の実習に反映させるためである。実習生は、毎朝、担当クラスの先生から今日の「ねらい」および「内容」を教えていただき、その日の実習をスタートする。子ども一人一人が十分に満足して遊び、落ち着いた生活をするために、その日の保育のねらいを実現するために、一人一人の育ちを保障するために、担任教諭はどのように環境を構成し、どのような教育的意図をもって保育を行っているのかを実習生は実習を行いながら体験的に学ぶ。

退勤後、一日の実習を通して学んだ内容を、簡易的に記録したメモをもとに、所定の書式の実習記録を作成する。次頁に実習の記録の参考例を示している。実習の記録には、「時間」、「環境構成」、「子どもの活動」、「保育者や実習生の配慮」を具体的に記述する。そのために日中の実習のなかで、タイミングをみながら手元のメモ帳に記録しておくと良い。また、場面での子どもの発話、先生の言葉かけ、自分自身の言葉かけ、その場面で自分が感じたこと、考えたこと等もメモしておくと、実習の記録を作成する際に振り返りが深まるだろう。実習の記録を作成しながら一日の実習を振り返り、担任教諭の配慮に満ちた環境構成、子どもの発達を促すための意図をもった教師の言葉かけや関わり、まなざしを考える。実習の記録を作成することで、その日の実習を振り返り、明日への課題を見出す。これを毎日繰り返すなかで、実習生は学びを深めていくのである。

実習の記録（参考例）[1]

○○年○月○日（○曜日）		天候	晴れ	実習生氏名		指導教諭	○○　○○　先生
クラス名	ゆり　組　（　4　歳児）			人数	男児　10名　女児　11名		合計　21名
前日までの子どもの姿	・好きな歌を友達と一緒に楽しみながら歌う子どもが多い。 ・周りの友達の行動に関心をもち、自分もやってみようとする様子が見られる。			今日のねらい	○友達と絵の具の感触を楽しみながら、色が混じっていく様子や指で描いたりすることを楽しむ。		
				内容	・フィンガーペインティングをする。		

時間	環境構成	子どもの活動	保育者や実習生の支援と配慮
9：00	〈ゆり組保育室〉	○登園する。 ・先生や実習生に挨拶をする。 ・水筒、コップを決められた場所に置く。 ・かばんをロッカーに片づける。 ・シール帳にシールを貼る。	・安全に留意しながら、子どもの興味、関心に応じた環境を整える。 ・子ども一人一人の顔を見て名前を呼びながら笑顔で挨拶をすることにより、一日気持ちよくスタートできるようにする。 ・子どもの話をよく聞きながら、体調を確認する。 ・なかなか朝の準備にとりかかることができない子どもに声をかけ、次の行動の見通しが持てるようにする。
		○好きな遊びをする。 ・絵本を読む　・毛糸通しをする ・鉄棒をする　・滑り台をする	・保育者も子どもの遊びに加わり、子ども達と遊びの楽しさを共有したり、喜びを一緒に味わったりする。
10：20		○片づけをする	・元にあった場所におもちゃや用具を片づけられた子どもを褒め、他の子どもが片づけの仕方に気付くことができるようにする。
10：40		○朝の会に参加する ・挨拶をする ・歌遊び「カミナリどんがやってきた」をする。 ・元気に返事をする。	・歌遊びをすることにより、子どもの注意が保育者に向くようにするとともに、今日一日の生活に期待が持てるようにする。 ・歌遊びのなかの返事をいろいろな動物の声にするよう声をかけ楽しめるようにする。 ・友達の「ガオー」の声を聞いたりしながら、自分も大きな声で返事をしたいとの気持ちを持つようにする。
11：00	〈園庭〉	○フィンガーペインティングをする。 ・スモッグを着る。 ・保育者の話を聞く。 ・園庭に出る。 ・園バスのグループごとに机に分かれて机の周りに集まる。 ・画用紙を配ってもらう。 ・画用紙の上に出してもらった絵の具を指で触ったり伸ばしたりする。	・思い切り活動を楽しめるよう、園庭で活動を行う。 ・衣服が汚れを気にしなくてもよいようにスモッグを着用する。 ・「ペタペタ」「ニュルニュル」「気持ちいいね」など、絵の具の感触に興味が持てるようにする。 ・「きれいだね」「お友達の描いている丸をみてごらん」と声をかけ、友達の指の動きに関心を持ち、活動を友達と共に楽しむことができるようにする。 ・「赤と黄色を混ぜるとどんな色になるかな？」などと声をかけ、いろいろな色を組み合わせて混ぜてみたいという気持ちを持てるようにする。 ・指で触ることに抵抗を示す子どもは無理をさせず、保育者と一緒に友達の様子を見て楽しむことができるようにする。
	〈準備物〉 机 絵の具　画用紙 雑巾　バケツ	・手足を洗う ・片づけをする	・絵の具を触った感想を聞いたり、話したりしながら、子どもの手や足を洗うのを手伝う。
11：30		○手洗い・排泄をする。	・楽しい雰囲気で食事を取ることができるようにする。 ・箸の持ち方について絵を用いて説明し、正しい箸の持ち方について確認する。
11：40		○食事をする ・配膳の準備をする ・挨拶をして食べる	・嫌いなものを頑張って食べようとしている子どもの姿を褒め、やる気が持てるようにする。 ・子ども達がお弁当の中身について話をするのを笑顔で聞き、食べたい気持ちが増すようにする。
12：30	〈準備物〉 ・お茶、ふきん	○室内で好きな遊びをする。 ・絵を描く ・ソフト積み木で遊ぶ ・ブロックで遊ぶ　・絵本を読む	・自分で作ったり描いたものについての話に笑顔でうなずいたり、共感したりしながら子どもの遊びを見守る。
13：30		○帰りの会に参加する ・絵本「おおきなかぶ」を見る ・保育者の話を聞く	・保育者の話をよく聞いている子どもを褒め、話の聞き方を自分で意識できるようにする。 ・絵本を見るだけではなく、「次は何だろうね」と言いながら、絵本の世界を楽しめるようにする。 ・今日描いたフィンガーペインティングの作品を明日はお互いに見せあいする活動をすることを伝え、明日の活動に期待が持てるようにする。
14：00		○降園する ・延長保育を利用する子どもは、延長保育の部屋に移動する。 ・順次降園する	・明日の登園を楽しみにできるように笑顔で帰りの挨拶を行う。 ・「今日は何して遊ぶかな？」などと話をしながら、保護者の迎えまでの活動に期待が持てるようにする。 ・子どもたちを見守りながら一緒に遊ぶ。

---

1 ）『幼稚園・保育所・認定こども園への教育・保育実習の手引き』（2016）に掲載されている実習記録を一部修正・再構成したものである。

第3節　幼稚園教育実習指導案の作成

1．幼稚園教育実習指導案の立案前の準備

　教育実習指導案は、教師が幼児と関わっていくために必要な考え方や指導の配慮を具体的にまとめたものであり、幼児の発達に適した保育活動と環境を構成するための計画である。また、指導案を作成する前には以下の7点を確認しなければならない。

① 実習園の教育方針を再度確認し、理解する。
② 可能であれば実習園の月案（月間指導計画）や週案を見せていただき、指導実習前までの保育の流れを理解する。
③ 指導案の様式は、実習園で指定されるものがあるかを確認する。
④ 実習園の一日の保育の流れを把握し、それぞれの時間帯で担任教諭が大切にしていることや担任教諭の具体的な援助の仕方についても理解する。特に決まっている言葉がけや方法がある場合は、実習生はそれができるように練習をしておかなければならない。例えば、朝の集いや帰りの集い、お片付けの声かけや、給食までの言葉がけなど、どのような言葉がけをしているのか、お当番はどのように活動しているのかなど細かな記録が必要である。
⑤ 保育内容を実習生がどの程度自由に考えても良いのかを確認する。
⑥ 指導案の書き方について、実習園で留意している事項があるかどうかを確認する。
⑦ 指導案の提出日を確認する。

2．幼稚園教育実習指導案の立案の手順

　指導案を立案する具体的な手順は以下の通りであるが、8つの項目の中のいくつかを同時に行ったり、順番が逆になる時もあるので臨機応変な対応が求められる。

指導案の立案の具体的な手順例

① クラスの状況、幼児の興味や発達などの様子を把握する
② 一日の保育の流れを考える。特に担任が行っている通常保育の細かな内容も理解する
③ 中心となる保育の内容を考える
④ 中心となる保育によって幼児のどのような側面を育てようとするのかをねらいとして設定する
⑤ 環境構成を考える
⑥ 保育活動での幼児の活動を予想する
⑦ 予想した幼児の姿から必要な配慮や援助を考える
⑧ 中心となる活動の導入・展開・まとめの流れを考える

3．幼稚園教育実習指導案の例

教育実習指導案の例を以下に提示するので参照すること。

手遊び指導案の例

	○月○日○曜日 天気（くもり）	うさぎ組（4歳児）	実習生氏名
		男児11名　女児10名	

<子どもの姿>
・現在の子どもの姿
・保育者の話を聞くことができるが、自分が経験したことなどを聞いてほしくて積極的に話そうとする姿もある。
・活動に楽しんで参加することができる。

<活動のねらい>
・手遊びを通して、歌やストーリーに親しみをもって楽しむ。
・実習生やお友達に、感じたことやや考えたことを自分なりに表現する。

<子どもたちの経験する主な活動>
・手遊び「やきいもぐーちーぱー」を楽しむ。

時間	環境の構成と予想される子どもの活動	援助（視点や関わり）	備考
13:15	<保育室> （図：保育室に保・子・子の配置）		
13:35	○保育室に集まる。 ・実習生の声かけにより、園庭や保育室で遊んでいたものを片付けて、集まり座る。 ・子ども同士で遊んでいてなかなか片付けが終わらない。	・遊んでいたものを片付けるように声をかける。 ・一緒に保育室のものを片付けながら、箱積み木を配置する。 ・「お部屋きれいになったかな？」など声をかけていくことで、子どもが片付けていけるよう促していく。 ・子どもたちが集まるまで待つ。	
13:40	○手遊び「やきいもぐーちーぱー」をする。	・これから「やきいもぐーちーぱー」の手遊びを一緒に楽しみたいということを伝え、子どもたちの様子を見ながら実際に実習生が行う。 ・自然にまねができるように、動作をゆっくり大きく行う。 ・[上手に出来たね]など子どもたちの手遊びの様子やや子どもたちの言葉に応えていくなどし、もう一度やってみたいという思いを引き出して、もう一度一緒に行ってみる。 ・手遊びについて、感想や思いを伝えてくる子どもには丁寧に応えていく。	「やきいもやきいもおなかがグーやきいもやきいもほかほかほかのチーほかほかほかのチーたべたらなくなるなんにもパーそれやきいもまとめてグーチーパーやきいもじゃんけんポン！
	○手遊びが終わり、感想をそれぞれ話す。	・担任の保育者に引き継ぐ。	

集団遊びの指導案の例

指導者 検印			○○年○月　○○日（○曜日）　天候　○○
			ほし組　4歳児　30名（男 18名　女 12名）

前日までの幼児の実態	・複数の友達と遊ぶ姿が見られるが、ときどきけんかも起こる。 ・活動に積極的に参加する姿がある。	ねらい 内　容	・「猛獣狩りにいこうよ！」をする。 ・友達と一緒にからだを動かして遊ぶことを楽しみ、友達とのかかわりを深める。 ・文字や数に興味をもち、親しんで遊ぶ。

時間	環境構成	幼児の活動	保育者の配慮・援助
11:00	場所：遊戯室 （図：保／子／子） 準備物： 動物の名前が書かれた紙（問題を出すときに見せるため） 「たぬき」	○保育者の話を聞く。 ・手遊び「さっとにげました」をする。 ・「猛獣狩りにいこうよ！」をすることを聞く。 ① 遊びの名前 「猛獣狩りにいこうよ！」 ② 遊び方 ・「猛獣狩りにいこうよ！」など、保育者が言ったことを繰り返して言う。このとき、振りも保育者の模倣をする。 ・最後に保育者が言った動物の名前の文字数の人数のグループをつくる。 ・人数が合わず余ったら、保育者からのインタビューに答える。 ③ ルール ・グループを作ったら円になって座る。 ○ゲームを始める。 ・「用意はいいですか？」の合図でゲームを始める。 ○実習生の前に集まり、話を聞く。	・幼児全体が見渡せる位置に立つ。 ・手遊びをするときは子どもの前に座り、興味がもてるよう大きな動作で行う。 ・手遊びと関連付け、動物が出てくる遊びをすることを伝え、活動に期待感をもって参加できるようにする。 ・遊び方の説明をするときは子どもを座らせ、落ち着いて聞けるようにする。 ・グループの作り方は、実際に子どもを前に呼んでモデルとして見せ、理解しやすいようにする。 ・ひととおり説明したあと、実際に立ち上がり、かけ声と振りの練習をしてみる。からだを大きく楽しそうに見本を示すことで、子どものびのびと楽しく体を動かすことができるようにする。 ・最初はわかりやすくするため、聞き慣れた文字数の少ない動物にし、次第に文字数を増やしたり「っ」「ゃ」「ゅ」「ょ」など小さい文字が入ったものへと、難易度を上げていく。 ・動物の名前を言うときには、文字数が分かりやすいように、動物の名前が書かれた紙を示すなど視覚的な援助を用いる。 ・動物の名前はゆっくり言って、指を折って数えることも楽しめるようにする。 ・余った子どもへのインタビューは、子ども同士のかかわりが深まるようなものとする。（例：おとなりの○○ちゃんのすきなところはどこかな？） ・終わりに近づいてきたら、「あと3回だよ」と声をかけ、見通しがもてるようにする。

第4節　幼稚園教育実習中の健康管理

1．十分な睡眠

　教育実習中は通常より早朝に起床し、帰宅後には実習日誌を書き、指導案を作成しなければならない。実習日誌の記入に慣れていない学生の多くは夜遅くまでかかってしまい、睡眠不足のまま登園してしまう。体調は崩れがちになり、元気な子ども達と笑顔で遊んだりできない。睡眠不足だからと言って帰宅直後に仮眠をとったり、テレビを見ると、その日の保育をすぐに思い出せず、実習日誌の記入に時間がかかってしまうことはよくある。十分な睡眠がとれるように実習前から朝方の生活リズムに整えよう。

2．予防接種

　教育実習前には風疹や麻しんや水疱瘡などの抗体検査を受け、測定値が不足している場合は速やかに予防接種を受けよう。予防接種は健康状態でなければ受けられない。なお、複数の予防接種を受ける場合は期間を開けなければならない時もある。抗体検査を実習の半年前までには受けよう。また、冬に実習に行く場合にはインフルエンザの予防接種は必ず受けることを忘れてはならない。疾病にかかると欠席した日数を追加実習として参加しなければならない。時に、実習を辞退しなければならないこともある。

3．バランスの取れた食生活

　体調を崩してしまう原因の一つに偏った食事がある。体調を整えるためには、バランスの良い食事を摂らなければならない。まして、朝食を抜いたり、ヨーグルトのみのような状態では、体温が午前中に上昇せずに、集中力の欠如が原因で実習生自身が怪我をしてしまうこともある。また、実習中は弁当を自分で用意していくことも多い。実習前からバランスの取れた食生活を心がけ、食事を作ることを日頃から行うようにしよう。

4．うがい・手洗いでの予防

　教育実習中は、大学で通学している時より多くの人と通勤途中や実習園で関わる。また、幼児は、流行している疾病にかかりやすく、幼稚園内で大流行してしまうことも多々ある。予防接種はしていても、それ以外の風邪や疾病を発症してしまわないように、うがいと手洗いを丁寧に小まめに行うことを忘れてはならない。特に丁寧な手洗いは予防に有効である。また、清潔なハンカチを常にもっておこう。

あ と が き

　教職は、専門職である。子供の成長・発達に、専門的に関わるプロフェッショナルである。平たく言えば、「教える」専門家である。その意味で、誰でもがなれる、また誰でもができる職責ではない。制度的に、教育職員免許状の取得が義務づけられている所以である。そこには、教育目標についての深い思索、教育内容に対する幅広い学識、教育方法としての優れた指導技術が求められる。むろん、大学の授業も、そこに焦点を当てて行われている。

　教育実習は、学生から教師への橋渡しとなる重要な結節点である。大学で学んだ教育理論と幼稚園・小学校における教育実践とが、有機的に切り結ぶ実践的な場である。その意味で、教育実習は、教員養成のクライマックスの場である。

　教育実習は、教室で子供たちに授業を実施する、それだけではない。教育実習は、「して学ぶ」こと（授業実習）が中心であるが、他の授業を「観て学ぶ」こと（授業観察）も大切である。教師の指導の実際－振る舞い、話し方（発問・指示・説明）、板書等－を観察することはもちろんであるが、子供の学びの実際を観ることも忘れてはならない。授業は「学習・指導」、子供と教師との交響である。教師の指導によって、子供の学びがどのように行われるのか。例えば、子供がどんな場面で頑張れるのか、集中できるのか、一方、どんな場面で意欲を失うのか、学習から離脱するのか、これら教室の最前線の出来事はその現場での観察によってしか学べない。「人の振り観て我が振り直せ」の世界である。

　授業実施に当たっては、教材研究、授業構想等の十分な準備とともに、授業時における学習者の様子を見ながら進める臨機応変の対応が肝要である。むろん学習者重視であるが、学習者の言動を認めるだけが授業ではない。受け容れるべきは受け容れ、正すべきは正さなければならない。「教室の主人公は学習者であるが、教室の責任者は教師である」ことを忘れてはならない。

　授業後の振り返りは、さらに大切である。授業実施で完全燃焼しているところであろうが、教育実習はここで終わりではない。直前の授業を巡って、指導教員・実習仲間と率直に協議し、授業目標に照らして何が実現し、何が残ったのか、分析・考察すること（授業研究）が締めとして大事である。その意味で、ここでも、「終わり良ければ全て良し」である。

　ともあれ、この教育実習でしか学べないことを貪欲に、そして堅実に学び取ってほしい。そして、この教育実習が、教職に就きたいというあなたの意欲をますます掻き立てる好機となることを心から願っている。そして、それは、大学卒業後、幼稚園で、そして小学校であなたを「先生」として待っている子供たちへの大学からの最良の贈り物である。

平成31（2019）年3月31日　　　　　　　　　　　　　　　　教育学部長　吉　田　裕　久

執筆者一覧

德永　隆治	安田女子大学教育学部	〔まえがき、第Ⅰ部　第5章　第4節（体育）〕	
平本　哲嗣	安田女子大学教育学部	〔第Ⅰ部　第1章、第Ⅰ部　第5章　第4節（外国語活動・外国語）〕	
永田　彰子	安田女子大学教育学部	〔第Ⅰ部　第2章、第Ⅱ部　第1章　第2節・第3節、第Ⅱ部　第3章　第2節〕	
山田　修三	安田女子大学教育学部	〔第Ⅰ部　第3章〕	
弘法　泰英	安田女子大学教育学部	〔第Ⅰ部　第4章〕	
八木　秀文	安田女子大学教育学部	〔第Ⅰ部　第5章　第1節・第2節・第3節・第4節（道徳）、第Ⅰ部　第6章〕	
吉田　裕久	安田女子大学教育学部	〔第Ⅰ部　第5章　第4節（国語）、あとがき〕	
橋本　正継	安田女子大学教育学部	〔第Ⅰ部　第5章　第4節（算数）〕	
岩永　健司	元安田女子大学教育学部	〔第Ⅰ部　第5章　第4節（社会科）、第Ⅰ部　第7章〕	
江口　公治	安田女子大学教育学部	〔第Ⅰ部　第5章　第4節（理科）〕	
小川　麻里	安田女子大学教育学部	〔第Ⅰ部　第5章　第4節（生活科）〕	
長友　洋喜	安田女子大学教育学部	〔第Ⅰ部　第5章　第4節（音楽）〕	
藤原　逸樹	安田女子大学教育学部	〔第Ⅰ部　第5章　第4節（図画工作）〕	
鳥井　葉子	元安田女子大学教育学部	〔第Ⅰ部　第5章　第4節（家庭科）〕	
田辺　尚子	福山平成大学福祉健康学部（元安田女子大学教育学部）	〔第Ⅰ部　第5章　第4節（外国語活動・外国語）〕	
岩田　高明	安田女子大学教育学部	〔第Ⅰ部　第5章　第4節（総合的な学習の時間）〕	
髙田　　清	金沢学院短期大学（元安田女子大学教育学部）	〔第Ⅰ部　第5章　第4節（特別活動）〕	
谷口　邦彦	安田女子大学文学部	〔第Ⅰ部　第5章　第4節（児童の考え　やりとりの見える板書）〕	
中島　正明	安田女子大学教育学部	〔第Ⅰ部　教職に就き学び続ける〕	
西川ひろ子	安田女子大学教育学部	〔第Ⅱ部　第1章　第1節、第Ⅱ部　第2章、第Ⅱ部　第3章　第1節・第3節・第4節〕	
名賀　春佳	安田女子大学教育学部3年生	［挿絵］	

小学校・幼稚園
教育実習の手引き　新版

平成31年3月31日　発行

編　著　安田女子大学教育学部児童教育学科
編集委員　藤原　逸樹　　八木　秀文
　　　　　山田　修三　　西川ひろ子
発 行 所　株式会社　渓水社
　　　　　広島市中区小町1-4（〒730-0041）
　　　　　電　話（082）246-7909／FAX（082）246-7876
　　　　　e-mail:info@keisui.co.jp

ISBN978-4-86327-476-1　C2037